积厚流广

Profound Accumulation,
Far-reaching Influence

国家博物馆
考古成果展

Archaeological Achievements
of the National Museum of China

王春法 主编

北京时代华文书局

中国国家博物馆

全国考古发现系列丛书

积厚流广

国家博物馆考古成果展

展览项目组

学术顾问：信立祥　戴向明

策　展　人：陈克双

内容设计：田　伟　庄丽娜

策展助理：武雨佳　傅嘉伟

展览设计：刘泽龙　郭　青　邓瑞平

文物保护：雷　磊

藏品保障：王小文

多媒体制作：李华新

数据保障：杜亚妮

新闻传播：刘佳莹

社会教育：卢啸林

设备管理：丁容良

安全保卫：宋　昊

前言

王春法

今年是中国国家博物馆创建110周年，国博考古已走过百余年春秋。1921年，几乎与仰韶遗址发掘同时，在河北钜鹿开始的古城发掘，揭开国博考古的序幕。新中国成立之后，尤其是改革开放以来，国博考古长足发展，蓬勃葳蕤。始以田野考古为主，后陆续开拓水下、遥感与航空摄影考古领域，设立专门机构，开一时风气之先。党的十八大以来，中国特色社会主义进入新时代，中国国家博物馆紧跟时代要求，重塑工作格局，优化组织机构，在原综合考古部基础上成立考古院，明确主要工作任务是服务国家事业发展全局，在巩固做好内地优势项目的基础上，逐渐向西北地区和边疆民族地区倾斜，重点围绕"一带一路"建设和中华文明探源等重大工程，探索反映东西方文化交流互鉴、古代丝绸之路形成与变迁的代表性物证。

百余年来，国博考古跟随时代脉动，勇于自我调整，不断开拓进取，成果丰硕喜人。初涉考古发掘，即勇担乱世抢救文物之责。此后数十年开展的发掘、调查工作，更有明晰学术、服务国家之导向。20世纪80年代以来，先后主持山西垣曲古城东关和南关商城、河南渑池班村、江苏连云港孔望山、山西绛县周家庄和西吴壁、江苏泗洪韩井、陕西宝鸡吴山、河北康保兴隆等遗址田野考古工作；组织开展南海Ⅰ号沉船遗址调查、平潭碗礁和大练岛一号沉船遗址发掘及全国沿海水下文物普查等水下考古工作；开拓实施河南洛阳汉魏故城、内蒙古赤峰古城址等区域的航空考古调查工作。积极服务国家重大战略，组织实施三峡文物保护，参与开展雄安新区考古调查、发掘工作，努力从陆地、海洋和空间不同维度找寻中华灿烂历史文化的物质遗存，探索中华文明的发展脉络。近年来，国博考古院又先后开展了新疆乌什吐尔、玉孜干遗址的考古工作，为实证中华文明多元一体、交流互鉴增加了新的实物证据。

习近平总书记强调，考古工作是展示和构建中华民族历史、中华文明瑰宝的重要工作，必须高度重视考古工作，为弘扬中华优秀传统文化、增强文化自信提供坚强支撑。中国国家博物馆几代考古人筚路蓝缕，艰苦奋斗，形成了求真务实、开拓奋进的优良学术传统。举办"积厚流广——国家博物馆考古成果展"，就是旨在通过展示中国国家博物馆百余年在考古工作中取得的一系列重要成就，让中国国家博物馆发展积累的考古成果与人民大众共享，努力使考古学这一学科全面走向社会公众，使考古成果惠及民众，服务社会，从而更好地讲述源远流长和辉煌灿烂的中国故事，为中华大地注入更为强大的自信心。在全面建设社会主义现代化国家的新征程上，国博考古工作者将始终牢记习近平总书记的谆谆教导，不断增强历史使命感和责任感，发扬严谨求实、艰苦奋斗、敬业奉献的优良传统，继续探索未知，揭示本源，为推动建设中国特色、中国风格、中国气派的考古学，更好地展示中华文明风采，弘扬中华优秀传统文化，实现中华民族伟大复兴的中国梦，作出新的更大贡献。

目　录

第一单元

初期草创

    20世纪20年代，现代考古学在中华大地生根发芽。1921年，瑞典人安特生主持发掘河南省渑池县仰韶遗址，被视为中国考古学的开端。同年，中国国家博物馆的前身"国立历史博物馆"委派裴善元等人前往直隶省钜鹿（今河北省巨鹿县）发掘宋代古城，开我国历史考古风气之先。此后数年，又相继在河南信阳、湖北枝江开展古代墓葬发掘，前往京、冀、晋、蒙、豫、鲁、新等地开展文物调查等工作。

第一组 ｜钜｜鹿｜宋｜城｜

钜鹿宋城位于今河北省巨鹿县西南，宋大观二年（公元1108年）因黄河决口而被淹没。1915年前后，故城所在地时有宋代古物出土，此后渐有盗掘之事，且规模逐渐扩大。1921年，"国立历史博物馆"委派裘善元等人前往钜鹿调查，发掘了宋代董、王两处民宅。发掘工作引入了地层概念，"厥土分三层，最上层为地面之浮土，中层为褐色土，最下层为黑焦土"，获得"瓷陶杂器二百余件"。

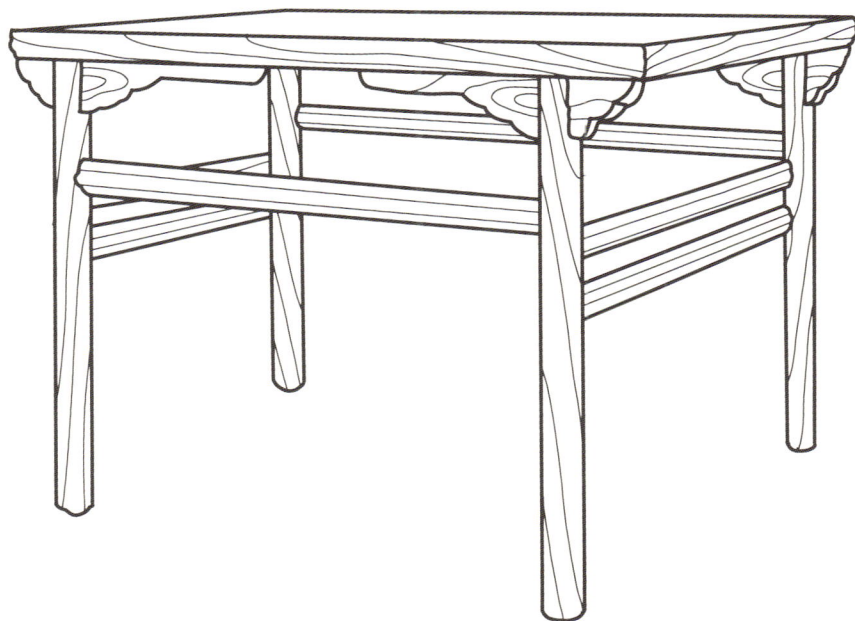

◎ 河北钜鹿宋城出土木桌椅，现藏于南京博物院

白陶围棋子

北宋（公元 960—1127 年）
单粒直径 2.8 厘米左右
1921 年直隶省钜鹿宋城（位于今河北省巨鹿县）出土
中国国家博物馆藏

　　我国古代称围棋为弈。东周文献已有关于围棋的记载，如《世本·作篇》云："尧造围棋，丹朱善之"。图片中的黑、白两组围棋为陶制，反映了宋代弈棋之风在民间盛行。

黑陶围棋子

北宋（公元 960—1127 年）
单粒直径 2.8 厘米左右
1921 年直隶省钜鹿宋城（位于今河北省巨鹿县）出土
中国国家博物馆藏

木算盘珠

北宋（公元 960—1127 年）
直径 2.1 厘米
1921 年直隶省钜鹿宋城（位于今河北省巨鹿县）出土
中国国家博物馆藏

　　算盘是中国传统的计算工具，由先秦时期的算筹演变而来，具体起源时代尚无定论。此木制算盘珠出土于宋人故居，略呈鼓形，中间有孔，与现代的算珠毫无二致，是我国目前发现的最早的算珠实物。

白釉瓷炉

北宋（公元 960—1127 年）
口径 7.6 厘米、高 17.2 厘米、足径 10.5 厘米
1921 年直隶省钜鹿宋城（位于今河北省巨鹿县）出土
中国国家博物馆藏

　　直口微敛，宽沿微向下斜，直腹，喇叭形高足，器型稳重大方，制作修胎规整。此类瓷炉是古代礼佛活动中用以供奉香火的一种香炉。自南北朝始，行香活动开始流行，至宋代，陶瓷香炉的生产随着制瓷业的发展达到高峰。

黑釉酱斑瓷盏

北宋（公元 960—1127 年）
口径 13 厘米、高 6.5 厘米、足径 4.4 厘米
1921 年直隶省钜鹿宋城（位于今河北省巨鹿县）出土
中国国家博物馆藏

　　黑釉盏是北宋时期常见的饮茶用具。这件盏灰胎、黑釉，内部釉面散布着酱红色斑点。这是在施了黑釉的胎体上用氧化铁作着色剂绘饰纹样，入窑后高温一次烧成，纹饰中的铁结晶体呈现铁锈红色，因此又称为铁锈斑。这种斑纹不拘形式、恣意潇洒，因而独具特色。

崇宁重宝

北宋（公元 960—1127 年）
直径 3 厘米
1921 年直隶省钜鹿宋城（位于今河北省巨鹿县）出土
中国国家博物馆藏

　　崇宁重宝铸于宋徽宗崇宁年间（公元1102—1106
年）。面文"崇宁重宝"隶书，对读，古朴方正，多
为光背，少数背有星、月、十字等。崇宁重宝是北宋末
年较为常见的钱币之一，也是北宋钱币中版别最多的钱
币。据统计，崇宁重宝的版别有300多种。

青白釉瓷盖碗

北宋（公元 960—1127 年）
口径 11 厘米、通高 10.8 厘米、足径 4.5 厘米
1921 年直隶省钜鹿宋城（位于今河北省巨鹿县）出土
中国国家博物馆藏

　　盖、碗成套。碗直口、鼓腹、圈足较高。盔形盖，
有沿，盖顶饰柿蒂形钮。胎质较细白，釉色白中泛青、
光洁莹润，釉面有裂纹开片。

青白釉瓜棱式瓷执壶

北宋（公元 960—1127 年）
高 23.2 厘米、底径 8.7 厘米
1921 年直隶省钜鹿宋城（位于今河北省巨鹿县）出土
中国国家博物馆藏

　　直口长颈，瓜棱式椭圆形腹。肩部一侧置短流，另一侧置曲柄。胎质细白，釉面莹润，釉色白中泛青，每瓣瓜棱间饰刻划纹，在颈肩拼接处、腹中部拼接处也随形刻划数道线纹。这件执壶造型端庄大方，制作精细规整，当为景德镇窑产品。

青白釉印花葵口瓷碗

北宋（公元 960—1127 年）
口径 18.3 厘米、高 6.5 厘米、足径 6.2 厘米
1921 年直隶省钜鹿宋城（位于今河北省巨鹿县）出土
中国国家博物馆藏

　　六瓣葵口，腹壁斜收，圈足略高。胎质细腻洁白，釉色白中泛青，内壁及内底有印花，应为北宋时期景德镇窑产品。这一时期的景德镇青白瓷又被称作"影青"，因其釉色泛青，釉质莹润，加之胎体极薄，器上纹饰内外可以映见，又有"映青""隐青""罩青"之名。

白釉瓷碗

北宋（公元 960—1127 年）
口径 16.7 厘米、高 8.3 厘米、足径 5.7 厘米
1921 年直隶省钜鹿宋城（位于今河北省巨鹿县）出土
中国国家博物馆藏

　　这件白瓷碗在胎体上施一层白色化妆土，釉面泛黄，当为磁州窑产品。钜鹿瓷器的发现，使人们逐渐了解到宋代平民日常使用的瓷器样式和种类。钜鹿宋城出土大量磁州窑瓷器，说明磁州窑产品在北宋大观年间已广泛使用于钜鹿百姓的日常生活中。

石温器

北宋（公元 960—1127 年）
高 8.4 厘米、柄长 11.7 厘米
1921 年直隶省钜鹿宋城（位于今河北省巨鹿县）出土
中国国家博物馆藏

　　青铜器中作为温器使用的鐎斗一般有柄有足，是贵族宴饮上用于温酒、羹的器物。这件石质温器无足有柄、厚重耐用，应是摈弃了青铜器繁复的造型而主要保留了其导热的实用功能，是宋代平民阶层社会形态的珍贵物证。

委角弧边方形铜镜

北宋（公元 960—1127 年）
直径 18.8 厘米、厚 0.6 厘米
1921 年直隶省钜鹿宋城（位于今河北省巨鹿县）出土
中国国家博物馆藏

　　此镜委角方形，宽缘光滑，圆钮，无钮座，镜背素
地。委角方形镜出现于唐代，宋代较为流行，是宋镜在
形制方面灵活多样的例证之一。素面镜也是当时较为常
见的一种镜式，是宋代百姓生活中的常见用品。

长命富贵铜镜

北宋（公元 960—1127 年）
直径 11 厘米、厚 0.5 厘米
铭文释文：长命富贵
1921 年直隶省钜鹿宋城（位于今河北省巨鹿县）出土
中国国家博物馆藏

　　此镜圆形、扁圆钮、无钮座、卷边，接近镜边缘有一
周弦纹。镜背素地，绕钮饰"长命富贵"四字。素面铭文
镜在宋代较为常见，铭文内容丰富多样。"长命富贵"
表达了宋代百姓对生活寄予的美好愿望。

印花青瓷碗

北宋（公元 960—1127 年）
口径 24.4 厘米、高 9.7 厘米、圈足径 5.5 厘米
1921 年直隶省钜鹿宋城（位于今河北省巨鹿县）出土
中国国家博物馆藏

　　这件青瓷碗敞口、圆唇、斜腹，胎本较为厚重，釉面玻璃质感较强，釉色青中泛黄，具有这一时期北方青瓷的典型特征。碗内壁印缠枝花卉纹，碗外壁有直线刻花纹，融合了印花和刻花两种装饰手法。

陶瓦当

北宋（公元 960—1127 年）
长 31 厘米、宽 15.5 厘米、厚 2.2 厘米
1921 年直隶省钜鹿宋城（位于今河北省巨鹿县）出土
中国国家博物馆藏

　　瓦当是我国传统建筑材料，至迟在周代就已出现，用于遮挡建筑物檐头，最初的功能主要是防水，后渐有装饰和美化建筑的效果。此瓦当为圆形，泥质灰褐陶，模制，后面连接素面筒瓦，保存较为完整。边轮粗阔且与当面齐平，边轮内有一圈凸弦纹，其内为十二瓣莲瓣，莲瓣之间有菱形凸起为藻饰。当心呈莲蓬状，饰有多颗莲子。莲花纹瓦当随着佛教的传播，兴盛于北魏时期，隋唐时最为流行，宋代仍较为常见。

龙面纹陶瓦当

北宋（公元 960—1127 年）

长 15 厘米、直径 14.7 厘米

1921 年直隶省钜鹿宋城（位于今河北省巨鹿县）出土

中国国家博物馆藏

　　此瓦当为圆形，泥质陶，保存基本完整。边轮较宽且低平，边轮内饰一圈连珠纹。龙面图案高出边轮，呈半浮雕式。

绿釉陶鸱吻

北宋（公元 960—1127 年）
高 28 厘米
1921 年直隶省钜鹿宋城（位于今河北省巨鹿县）出土
中国国家博物馆藏

鸱吻是中国古代建筑物的一种常用建筑构件，位于房屋正脊两端，有防雨水渗入侵蚀正脊和垂脊的功能。唐代以前多是在该位置多重垒砌筒瓦，使屋脊两端上翘，呈鱼尾状，称为鸱尾、蚩尾，唐以后逐渐演变为用摩羯鱼或龙的形象口衔正脊，尾部高扬，又称鸱吻、螭吻、龙吻等，蕴含着祈福避祸的寓意。此鸱吻整体施绿色釉，头部呈龙形较完整，背尾部缺失。龙首高昂、额上两角后伸上翘、怒目圆睁、专注前方、短吻蒜鼻、巨口大张、獠牙外露、长舌将出未出，呈紧张凶猛的守护之姿。

国立历史博物馆丛刊（第一册）

1926 年
纸本

　　钜鹿宋城发掘工作结束后，发掘者撰写了《钜鹿宋代故城发掘记略》，刊发于《国立历史博物馆丛刊》。此发掘记略字数虽少，叙述亦较简略，但其作为第一篇宋代城市考古的发掘报告，具有重要的开拓性意义。

十

鉅鹿宋代故城發掘記略

京師東南有縣曰鉅鹿宋代故城也窮鄉小邑國人鮮有注目者據該縣三明寺碑刻始
知鉅鹿故城因河流泛溢沉於宋徽宗大觀二年其時適爲西歷一千一百零八年迄今
計之蓋已湮沒八百十有八稔矣先是民國七八年間邑人忽於土中掘得瓷類數十件。
視之皆宋器骨董商聞之若鶩以故土人均獲厚利園邑若狂會北五省奇旱
穀黍不登近幾之地飢欲死而該邑人民反賴是以易升斗城中頓呈繁燼之象爲十年
七月歷史博物館派員前往爲一精密之調查則前此出土之物業已售賣一空因農會
公地爲三明寺故址也爰與該邑官紳會商乞得一區雇工發掘初冀尋覓該寺遺跡藉
考宋代廟宇之建築以資研究乃掘未牛忽得宋代古宅一再掘又得古宅一其門窗戶
扇雖倒而破片猶有存者所有遺盌均刻有王董字以是知爲王董二姓之舊宅也歷年
固久筆畫仍明其外古錢土坑亦復痕迹顯然其木桌上猶雜陳粗劣箸匙碟盌等件是
當時大水驟去卒不及防之情景更可想見矣考古鉅鹿在宋初屬邢州宣和時改屬信德
府水患旣去重建新邑不料爲時將近千載故故蹟重現人間此殆非偶然賦茲役也用欵

第二组 ｜信｜阳｜汉｜冢｜

1924 年春、夏，国立历史博物馆派员赴河南信阳开展汉代墓葬的调查、发掘工作，在游河镇王坟洼发掘砖室墓一座，在擂鼓台发掘甲、乙两墓，出土陶器、铜器、五铢钱等遗物。

绳纹陶仓

汉（公元前 202—公元 220 年）
口径 10.7 厘米、高 24.4 厘米、底径 12.2 厘米
1924 年河南省信阳市出土
中国国家博物馆藏

　　泥质灰陶，折沿，圆唇，鼓肩，直腹，腹饰多周
附加堆纹。陶仓一般作为贮藏粮食的储物器，故将其
做成模型，作为明器置于墓中。

陶罐

汉（公元前 202—公元 220 年）
口径 11 厘米、高 16.3 厘米、底径 12.3 厘米
1924 年河南省信阳市出土
中国国家博物馆藏

　　泥质灰褐陶，圆唇，矮直领，鼓肩，上腹部圆
鼓，下腹收束成平底。此类陶罐是储存固体或液体
的储物器，为汉代生活中常用的生活用具，也是汉
代墓葬中常见的陪葬明器。

几何印纹陶砖

———————————

汉（公元前 202—公元 220 年）
长 36.5 厘米、宽 7.1 厘米、厚 6.5 厘米
1924 年河南省信阳市出土
中国国家博物馆藏

　　条形砖呈长方体，侧面印有菱形纹饰。这类砖常
见于汉墓之中，用于砌筑墓室。东汉时，在此类条形
砖上出现了模印的图案花纹，大多印于砖侧面，也有
印于顶端者。具体纹饰有几何形，以及动植物、人物
图案等。

陶罐

汉（公元前 202—公元 220 年）
口径 11.2 厘米、高 18.4 厘米、底径 9.7 厘米
1924 年河南省信阳市出土
中国国家博物馆藏

　　泥质灰褐陶，圆唇，口外侈，束颈，斜折肩，深腹下收，平底。
此件陶罐见于河南信阳汉墓，与之同时出土的还有罐、盆、尊、壶、
仓等陶器。

五铢钱

汉（公元前 202—公元 220 年）
直径 2.6 厘米
1924 年河南省信阳市出土
中国国家博物馆藏

西汉武帝元狩五年（公元前118年）始制五铢钱，并诏令各郡国铸行，故曰"郡国五铢"或"元狩五铢"。钱面篆书"五铢"二字，重如其文，面背均有外廓。"五"字交笔斜直或微曲，"铢"字中的"朱"头向上作方折，"金"头较小多呈箭镞状，穿背有廓而面无廓，少数穿上可见一横画。郡国五铢出现最早，又分属各郡国所铸，虽工艺稍粗，然称量较足。五铢钱流通达739年，系我国钱币史上铸行最久、最为成功的长寿钱。

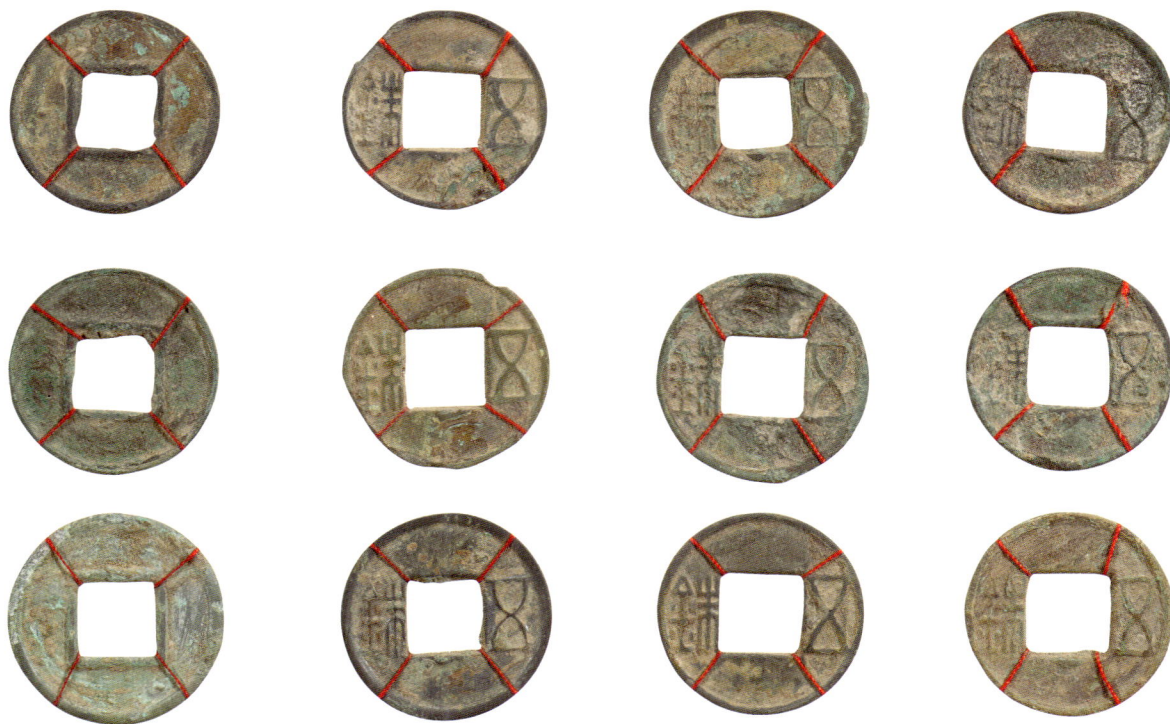

第二单元

筚路蓝缕

　　1956 年，考古部设立，后几经撤立，于 1979 年稳定下来，并逐步发展壮大，以渑池班村遗址为"试验田"，在实践中探索考古学理论与方法，影响深远；成立水下、遥感与航空摄影考古研究中心，牵头实施三峡文物保护规划，国博考古开始在多个领域居于领先地位。

第一组 | 事 | 业 | 初 | 兴 |

　　1956—1979 年，考古部开展了晋南调查等工作，主持试掘了万荣西解遗址；与中国科学院考古研究所、山西省文物工作委员会联合组队，共同发掘了山西夏县东下冯遗址；与河南省文物研究所合作，发掘了河南登封王城岗遗址。此外，还派员前往新疆伊犁等地开展了考古发掘、调查工作。

彩陶钵

仰韶文化庙底沟类型(约公元前4000—公元前3300年)
口径34厘米、高7.5厘米
1979年山西省万荣西解遗址出土
中国国家博物馆藏

    陶钵是仰韶文化常见的器物。庙底沟类型的陶钵多见彩绘，故名之彩陶钵。此件器物为泥质红陶，侈口折沿，圆唇，上腹微鼓，饰有黑彩，下腹急收成小平底，是庙底沟类型彩陶钵中时代偏晚者。

陶小口折肩罐

陶寺文化（约公元前 2300—公元前 1800 年）
口径 11.5 厘米、腹径 28 厘米、高 41.2 厘米
1979 年山西省万荣西解遗址出土
中国国家博物馆藏

　　小口折肩罐是晋南陶寺文化典型器物之一。此类器物还发现于河套等地区，如神木新华遗址之所见。此件器物小口外侈，领较高，肩略鼓，折肩，斜腹收成小平底，罐身通体饰有较整齐的斜篮纹。

陶折肩罐

二里头文化东下冯类型
口径20厘米、高33厘米、底径9厘米
1974年山西省夏县东下冯遗址出土
中国国家博物馆藏

　　泥质褐陶，侈口矮领，折肩、深腹、底微内凹。肩部饰三周弦纹，折肩处饰一周附加堆纹，腹饰篮纹。东下冯类型偏早阶段的陶器上还存在一定数量的篮纹，到了偏晚阶段，陶器纹饰以绳纹为主，篮纹较少见。

第二组 ｜躬｜耕｜田｜野｜

1979 年，考古部建制稳定下来，田野考古工作持续发展，在晋、陕、豫、冀、宁、赣、苏等省主持或参与多个考古项目，如开展山西运城地区和雁北地区、河南豫北地区、浙江龙泉窑址的考古调查工作；组织中原、关中等地区环境考古调查工作；参与河南登封王城岗、山西夏县东下冯等遗址的考古发掘工作；主持河南渑池班村、山西垣曲古城东关和南关商城、江苏连云港孔望山、宁夏海原菜园等遗址的考古发掘工作；牵头实施三峡文物保护，并发掘湖北秭归朝天嘴、宜昌中堡岛和下岸等遗址，取得了较大成就。

◎ 渑池班村遗址工作现场

1. 渑池班村

班村遗址位于河南省渑池县,地处黄河及其支流涧河交汇处,面积约 4.5 万平方米。1991 年开始,为探索考古学新理论、新方法,中国历史博物馆牵头,与来自多个领域的科研工作者组成了规模空前的班村考古队,班村遗址一时成为全国乃至世界考古学界瞩目之地。通过考古发掘与研究工作,我们厘清了遗址考古学文化序列,了解了与之相关的环境、生业等信息,取得了重要研究成果,研究理念与工作方法在学术界影响深远。

◎ 从涧河河滩看班村遗址所在台地(西—东)

陶钵

裴李岗文化班村类型（约公元前 6500—公元前 6000 年）
口径 16.5 厘米、高 11 厘米、底径 7 厘米
1991—1997 年河南省渑池县班村遗址出土
中国国家博物馆藏

夹砂褐陶，绳纹，敛口，平底。此钵作为饮食器，与角把罐共同构成了班村类型典型的陶器组合。此类器物还见于河南舞阳贾湖、邓州八里岗、新安荒坡、济源长泉、长葛石固等遗址当中，有学者认为其属贾湖一期遗存。

陶小口平底瓶

仰韶文化东庄类型（约公元前 4300—公元前 4000 年）
口径 4.5 厘米、高 33 厘米、腹径 19 厘米
1991—1997 年河南省渑池县班村遗址出土
中国国家博物馆藏

　　葫芦口，束颈，溜肩，鼓腹，平底，腹部带双耳，器身
饰线纹。此瓶作为水器使用，是东庄类型的代表性器物。

彩陶钵

仰韶文化庙底沟类型（约公元前 4000—公元前 3300 年）
口径 27 厘米、高 11 厘米
1991—1997 年河南省渑池县班村遗址出土
中国国家博物馆藏

　　泥质红陶，敛口，弧腹，平底。口部外侧饰一周窄条带黑彩。

陶釜

仰韶文化庙底沟类型（约公元前 4000—公元前 3300 年）
腹径 23 厘米、高 11 厘米
1991—1997 年河南省渑池县班村遗址出土
中国国家博物馆藏

　　陶釜出现于新石器时代早期，广泛见于大江南北多个区域，往往与灶组合作为炊器使用。此釜为夹砂红陶，直口束颈，折腹圜底。

彩陶罐

仰韶文化庙底沟类型（约公元前 4000—公元前 3300 年）
口径 12 厘米、腹径 19 厘米、高 16 厘米
1991—1997 年河南省渑池县班村遗址出土
中国国家博物馆藏

　　泥质红陶，直口束颈，折腹，平底。腹部及以上部分有黑色彩绘纹样，颈部和腹部下端各绘有一周黑色弦纹，两条弦纹内的空间以陶器本身的红色为底纹，填充一组两两相对的弧线三角纹，相邻两组弧线三角方向不同，弧线三角是庙底沟类型彩陶的典型构图元素之一，往往通过它们分隔空间形成花瓣纹。

炭化粟

1991—1997 年河南省渑池县班村遗址出土
中国国家博物馆藏

　　考古工作者从班村遗址的灰坑的填土中浮选出丰富的植物遗存，如大量的炭化的粟和黍，此外还有朴树（*Celtis koraiensis*）、山茱萸（*Cornus officinalis*）的内果皮、栎树（*Quercus sp.*）的炭化子叶块、紫苏（*Perilla frutescens*）的小坚果、野大豆（*Glycine soja*）的种子。

2. 古城东关

　　东关遗址位于山西省垣曲县古城镇，地处毫清河、沇河汇入黄河处，连接晋南、豫西两大地理单元，拥有丰富的仰韶、庙底沟二期及龙山时代的考古学文化遗存。其中以仰韶初期的枣园文化，以及庙底沟二期文化遗存的发现最为重要。

◎ 枣园文化半地穴房址 IVF1

◎ 枣园文化墓葬 IVM9

陶鼎

枣园文化（约公元前 5000—公元前 4300 年）
口径 15.3 厘米、腹径 19.2 厘米、残高 9.4 厘米
1983—1986 年山西省垣曲县古城东关遗址出土
中国国家博物馆垣曲工作站藏

　　夹砂红陶，器表有黑斑。侈口、方唇、鼓腹，最大径位于器腹中部，圜底，圆锥足，素面。

陶深腹罐

枣园文化（约公元前 5000—公元前 4300 年）
口径 29 厘米、高 29.8 厘米、底径 11.4 厘米
1983—1986 年山西省垣曲县古城东关遗址出土
中国国家博物馆垣曲工作站藏

　　夹砂红陶，器表有灰斑，圆唇，折沿，沿面上有凹
槽，上腹微鼓，饰数道弦纹，下腹向下斜收成小平底。

陶小口平底瓶

枣园文化（约公元前 5000—公元前 4300 年）
口径 7 厘米、高 50 厘米、底径 10 厘米
1983—1986 年山西省垣曲县古城东关遗址出土
中国国家博物馆藏

　　泥质红陶，尖唇，缘面微鼓，最大腹径位于器身
中部偏上处，口径小于底径，器底有明显的植物碎屑
痕迹。素面，通体磨光。

陶双耳壶

枣园文化（约公元前 5000—公元前 4300 年）
口径 4.8 厘米、残高 10 厘米
1983—1986 年山西省垣曲县古城东关遗址出土
中国国家博物馆垣曲工作站藏

泥质红陶，尖唇，竖高领微外侈，鼓肩，肩部置
一对斜耳，圆鼓腹。

陶双耳瓶

庙底沟二期文化（约公元前 2700—公元前 2300 年）
口径 8.4 厘米、高 21.7 厘米、底径 7.2 厘米
1983—1986 年山西省垣曲县古城东关遗址出土
中国国家博物馆垣曲工作站藏

　　泥质灰陶，圆唇，喇叭口，高颈，颈部有细密的竖行刮修痕，折肩，上腹置宽扁桥形耳，饰篮纹，平底。

陶罐形鼎

庙底沟二期文化（约公元前 2700—公元前 2300 年）
口径 17.5 厘米、高 22.5 厘米
1983—1986 年山西省垣曲县古城东关遗址出土
中国国家博物馆藏

　　庙底沟二期文化时期的鼎具有年代指示意义。该文化早期盆形鼎数量较多，晚期罐形鼎更为多见。此鼎为夹砂灰褐陶，侈口卷沿，鼓腹，腹饰较粗的横向篮纹，腹下接三个凿形足。

陶釜灶

庙底沟二期文化（约公元前 2700—公元前 2300 年）
口径 20.4 厘米、高 33 厘米、底径 18 厘米
1983—1986 年山西省垣曲县古城东关遗址出土
中国国家博物馆藏

釜灶是一种复合炊具，因是釜与灶的连体而得名，出现于仰韶晚期，流行于庙底沟二期文化时期，龙山时期仍有发现。此件为夹砂灰褐陶，侈口，花边口沿，高领，领腹交接处两侧置长方形錾手，釜底略残。灶门呈方形，并贴泥条加厚。通体饰粗绳纹。

3. 垣曲商城

垣曲商城遗址位于亳清河、沇河、黄河交汇处的黄土台地上，地理位置十分重要。垣曲商城被发现于 1984 年秋季，中国历史博物馆等单位此后对其进行了近二十年的发掘，揭示了城址内各期文化内涵、厘清了商城的兴废时代、聚落布局等问题。

垣曲商城的修建历史

二里岗上层晚段	废弃
二里岗上层	兴建宫殿区
二里岗下层	从南往北夯筑四面城垣，填埋二里头晚期的北沟壕

垣曲商城的废弃原因

① 商城东、南城垣可能因水患遭到严重损坏。

② 晋南地区的氧化铜矿行将枯竭、河东池盐资源不再是王朝不可或缺的资源，作为资源转运站的垣曲商城遭到废弃乃是情理中事。

③ 与王朝兴衰或统治策略变化有关。考古材料表明，从商代前期偏晚阶段开始，商文化在北、西、南三个方向均出现了大幅收缩的景象。

◎ 垣曲商城的修建历史及废弃原因

垣曲商城发掘简史

1984
1986
第一阶段
城址勘察与试掘

1984年 // 发现一段长300余米的夯土

1985年 // 通过钻探寻找到四面相连的夯土城，初步搞清了城址形制，并布设探沟对南城墙中段、西城墙中段、北城墙东段及东城墙北段的夯土城墙做解剖，了解城墙结构

1986年 // 试掘城内东南部的居住区，了解城内各期遗存的文化面貌

1988
1992
第二阶段
居民区和手工业区发掘

1988—
1989年 // 集中发掘城内东南部居住区，为深入认识城址内考古学文化面貌、聚落格局积累了丰富的实物资料

1991年 // 在城内布设横穿东西和纵贯南北的两条长探沟，全面了解城址内各期文化层堆积及分布

1992年 // 发掘城址南部制陶作坊区，了解当时的手工业发展情况

1993
2003
第三阶段
道路、城门与宫殿区等大型遗迹发掘

1993—1995年 // 发掘西城门和通住宫殿区的大型路沟以及城内西南部陶窑分布区

1996年 // 发掘宫殿区西南围墙和宫殿区南部的2号夯土基址西北角

1997—1998年 // 发掘城址南部居住区

1999年 // 发掘城址西南出口

2001年 // 发掘位于宫殿区北部的3号宫殿基址和宫殿区北半部围墙

2003年 // 全面揭露宫殿区围墙及围墙内的夯土基址

2004　**垣曲商城被小浪底水库淹没**

◎ 垣曲商城发掘简史

◎ 垣曲商城遗址垂直影像图

　　垣曲商城总面积约 13 万平方米，平面略呈梯形，南宽北窄，南北
最长 410 米、东西最宽 380 米。城内包含史前及夏、商、周、唐、宋等
多个时期的文化遗存，其中二里头文化、二里岗文化时期遗存最为丰富，
这两个考古学文化分属夏代和商代早期。

◎ 北城墙遗迹

◎ 1991 年发掘的纵向探沟

◎ 1991 年发掘的横向探沟

◎ 1992 年发掘的城址东南部遗迹

◎ 解剖西城门（西部）

◎ 解剖西城垣外墙基槽夯土

◎ 2003 年宫殿区发掘全景

◎ 2003 年发掘的宫殿区南围墙

垣曲商城所在的古城镇南关拥有良好的自然环境，孕育出丰富的历史文化。史前时期，此处已有人类活动。二里头文化时期形成颇具规模的环壕聚落，当与夏人利用中条山铜矿，控制连接晋南、豫西地区的交通要道有关。已揭露出的夏代遗迹包括房址、灰坑、墓葬等，出土了丰富的陶、石、骨等类别的遗物。

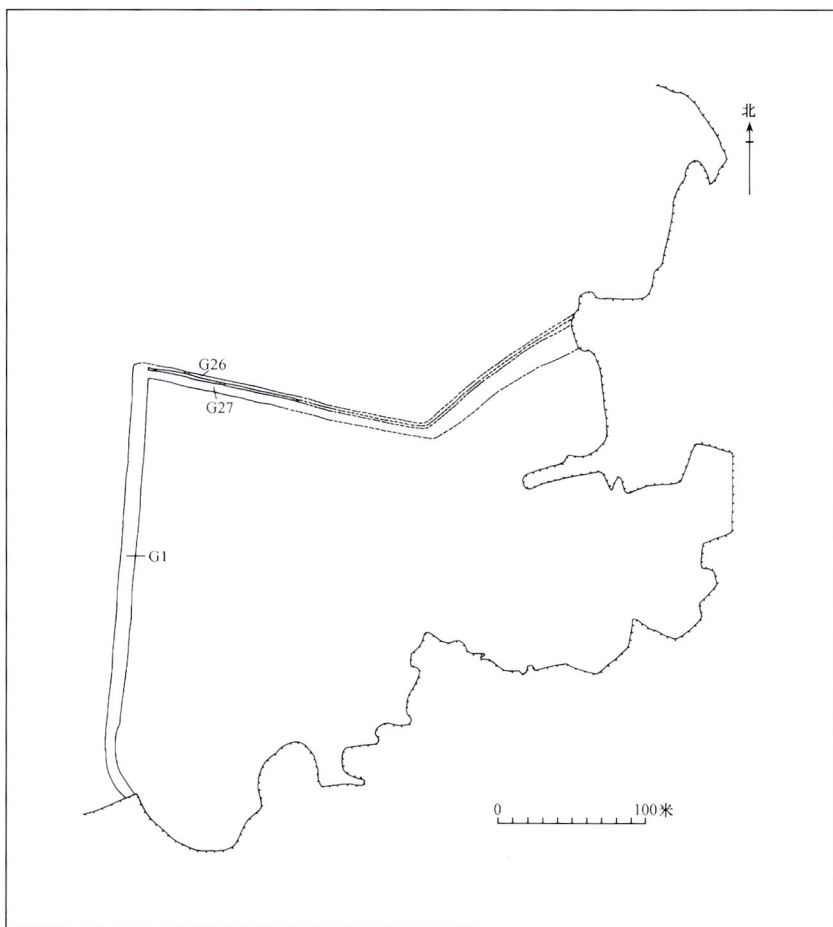

◎ 二里头文化时期环壕聚落平面图

二里头文化时期，聚落外围的环壕与自然河流及断崖形成严密的防护体系。聚落东西约 400 米、南北约 250 米，总面积约 10 万平方米。

◎ F8 全景

◎ 后室地面灶及灶龛

◎ 前室地面灶

◎ 前室壁龛

◎ 斜坡堆积鹅卵石

二里头文化晚期房址 F8

F8 为一座圆角长方形、半地穴式房址，分前后两室，中间有缓坡相连，前室长 4.1 米、宽 2.4 ~ 4.6 米，后室长 3.3 ~ 3.75 米、宽 3.2 ~ 5.2 米，面积约 50.3 平方米。发现有地面灶 3 处，灶龛 3 处，壁龛 3 处。出土大量陶、石、骨器。

陶鼎

二里头文化
口径 13 厘米、残高 12 厘米
1985—1986 年山西省垣曲商城出土
中国国家博物馆垣曲工作站藏

　　夹砂褐陶，侈口，圆唇，鼓腹，平底，上腹部饰一周附加堆纹，腹中部侧装鼎足。足外侧面刻有锯齿状的深槽及凹窝。

陶大口尊

二里头文化
口径 31.6 厘米、肩径 34 厘米、高 33.6 厘米、底径 9.6 厘米
1988—2003 年山西省垣曲商城出土
中国国家博物馆垣曲工作站藏

　　大口尊是夏商时期特征较明显的一种器物，早期口径小于肩径，后逐渐发展为口径大于肩径。此器为泥质灰陶，口及颈部磨光，颈部饰三周凹弦纹，折肩处饰一周附加堆纹，体略高，腹斜收，腹饰间断绳纹，小平底内凹。

陶斝

二里头文化
口径 19 厘米、高 27 厘米
1985—1986 年山西省垣曲商城出土
中国国家博物馆垣曲工作站藏

　　泥质灰陶，侈口，圆唇，沿面略凹，斜腹束腰，
腰饰一周附加堆纹，器身中部置一扁桥形耳，三袋足
分档呈锐角，足尖残失。

陶豆

二里头文化
口径 33 厘米、高 16.8 厘米、底径 15 厘米
1985—1986 年山西省垣曲商城出土
中国国家博物馆垣曲工作站藏

　　夹砂灰陶，卷沿近平，圆唇，钵形盘，粗筒状
柄，圈足。

陶折肩瓮

二里头文化
口径 32 厘米、腹径 38.5 厘米、高 47 厘米、底径 13 厘米
1985—1986 年山西省垣曲商城出土
中国国家博物馆垣曲工作站藏

　　泥质灰陶，卷沿，圆唇，斜肩，肩腹交接处转折明显，
肩及腹部饰多周附加堆纹，平底。

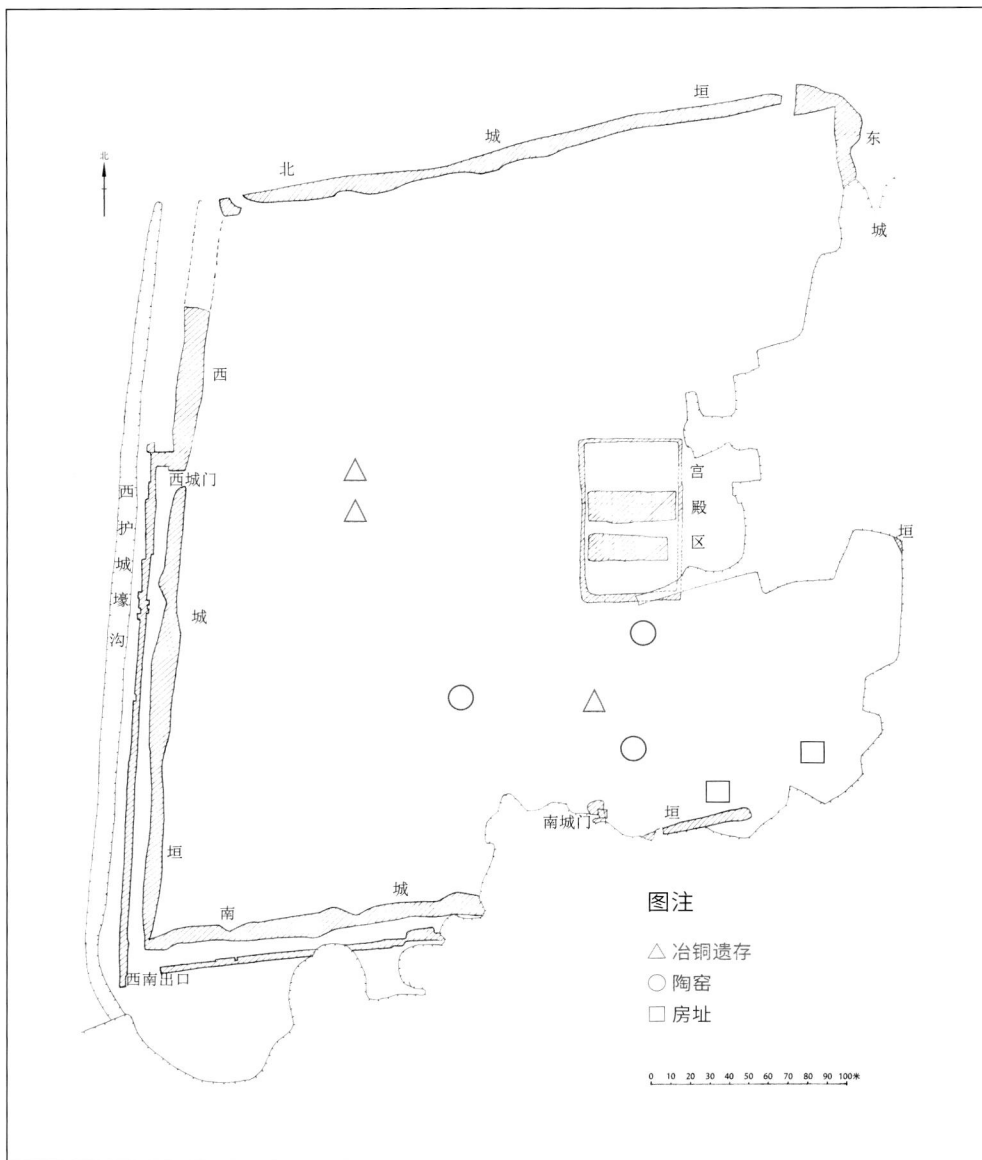

图注

△ 冶铜遗存
○ 陶窑
□ 房址

0 10 20 30 40 50 60 70 80 90 100米

◎ 垣曲商城布局平面图

夏商鼎革后，多个城邑拔地而起。在亳清河汇入黄河处，商人营建夯土城垣，逐渐发展出具有一定规模的城邑，此后使用两百余年。城址遗迹由护城壕、城垣、城门、道路等组成，已探明宫殿区、居住区、手工作坊区等功能区，城内密集分布房址、灰坑、祭祀坑、墓葬、陶窑等遗迹。

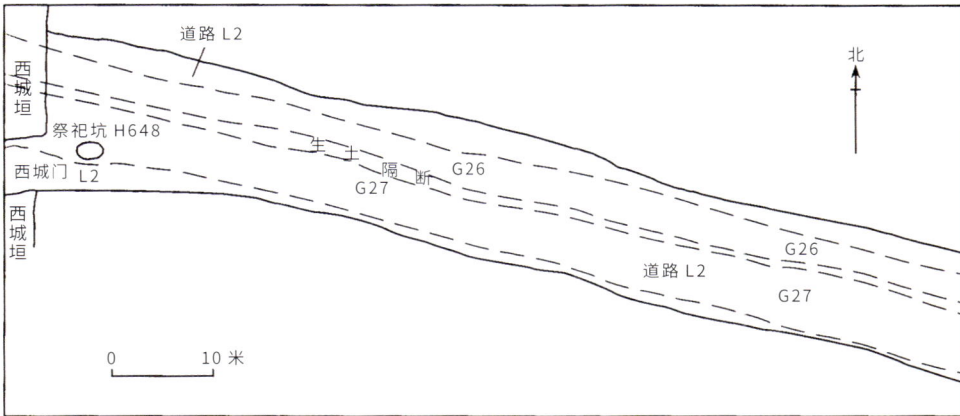

◎　商代前期道路 L2

◎　西护城壕 G1、西城垣、西城门及道路 L2 解剖（上为东）

二里头文化时期的环壕 G26 和 G27 在商代初年被填埋垫平，经历长期踩踏形成编号为 L2 的道路。L2 为西北至东南走向，由西城门通往城内，终止于宫殿区西侧。已揭露路面东西长约 96 米、南北宽 11.8～13.6 米。

宫城北渠

G47

北门通道

北 围 墙

北

宫城西渠
G47

宫城东渠
G49

后 庭

G49

东夹道

北 回 廊 柱础

东围墙

西夹道

西回廊

西一室

西二室
3 号 夯 土 台 基

东二室

东一室

东回廊

西围墙

南 回 廊

坡道

坡道

坡道

坡道

中 庭

北 回 廊 柱础

西回廊

西室

正堂
2 号 夯 土 台 基

东室

东回廊

西庑通道

南 回 廊

东庑通道

西围墙

前 庭

东围墙

（西庑）

（东庑）

南 围 墙
（南庑）

南门出口

南 围 墙
（南庑）

0　　　　　　10米

*围墙虚线处为未发掘或夯土缺失

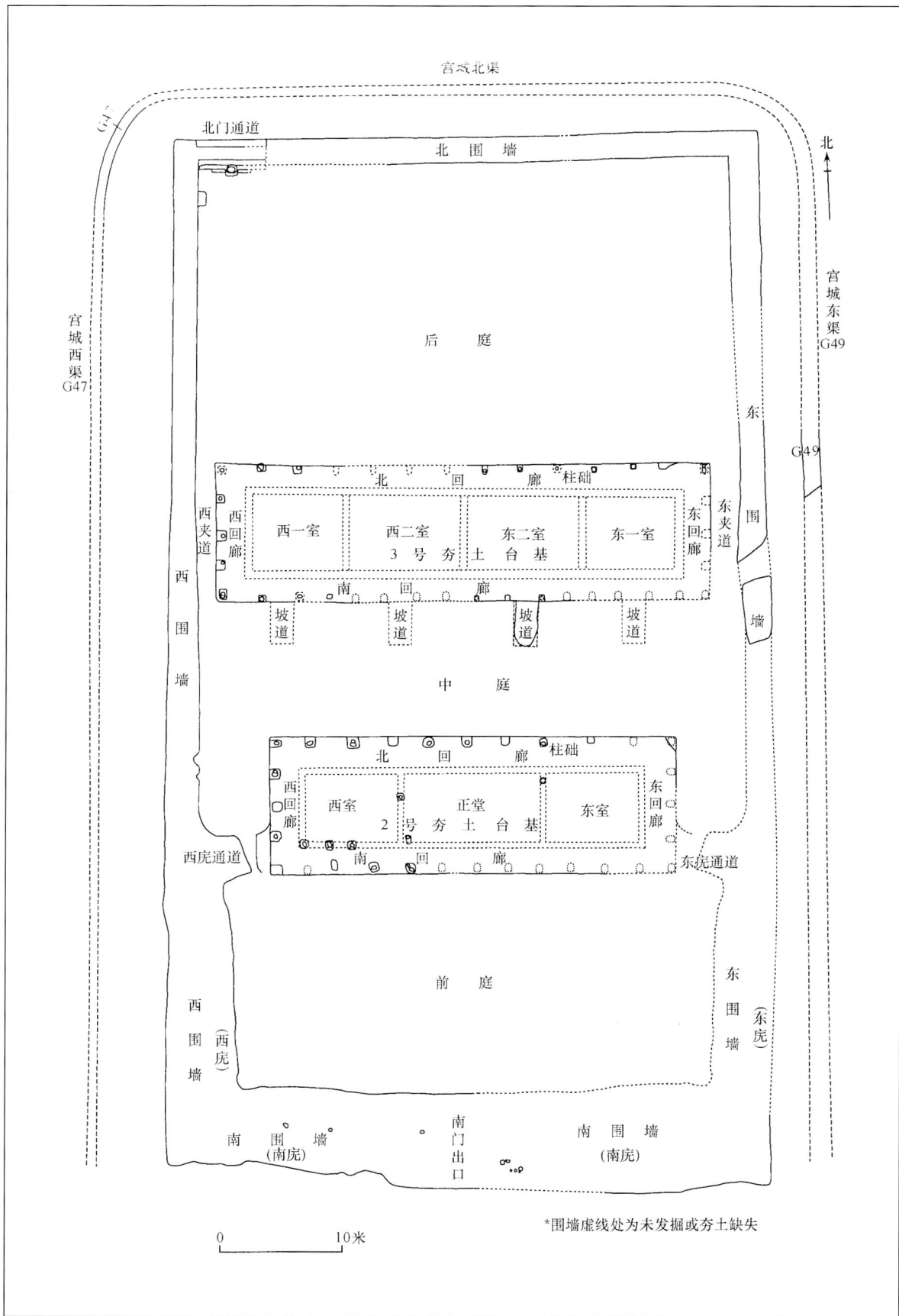

◎ 宫殿区建筑平面布局图

◎ 宫殿夯土台基照片

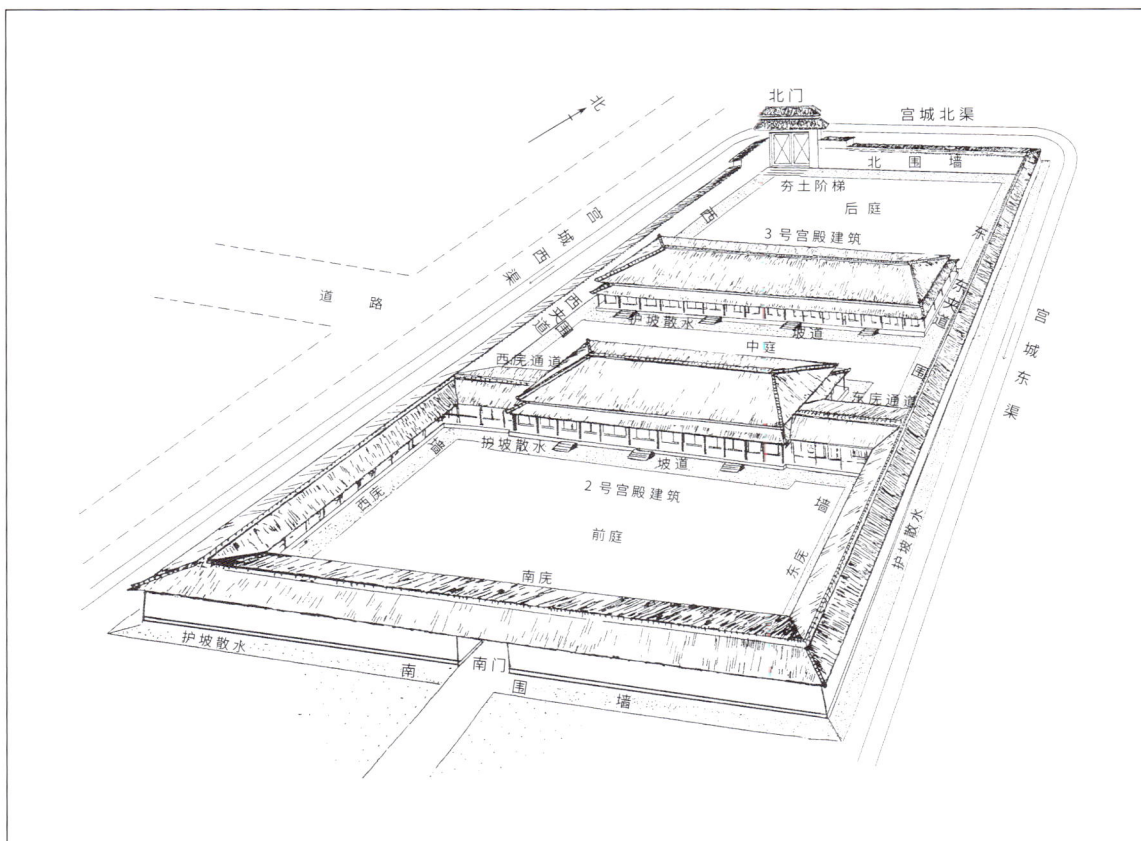

◎ 宫殿区建筑复原示意图

　　宫殿区位于商城中部略偏东，以 2、3 号两座南北并列的长方形大型夯土台基建筑为中心，沿同一中心线南北向排列，布局东西对称，四周环绕长方形围墙，构成一道围墙、两座台基、三处院落的完整布局，南围墙廊庑建筑正中和北围墙西端各有一处门道。2 号夯土台基东西长约 33 米、南北宽约 11.8 米，面积约 390 平方米。3 号夯土台基东西长 41 米、南北宽 11.5 米，面积约 472 平方米。宫殿始建于商代前期，废弃于商代前期偏晚阶段。

陶鬲

商前期（约公元前 16 世纪—公元前 14 世纪）
口径 14.5 厘米、腹径 15.2 厘米、高 17.5 厘米
1988—2003 年山西省垣曲商城出土
中国国家博物馆垣曲工作站藏

　　至迟在龙山时期，陶鬲首先出现于中国北方地区，此后向外扩散，逐步成为流行千年的重要器类。不同时期的陶鬲形制有所不同。此鬲为夹砂灰陶、侈口微折沿、圆唇，窄沿内凹、束颈，上腹部饰两道凹弦纹，腹饰中粗绳纹，是比较典型的商代前期陶鬲。

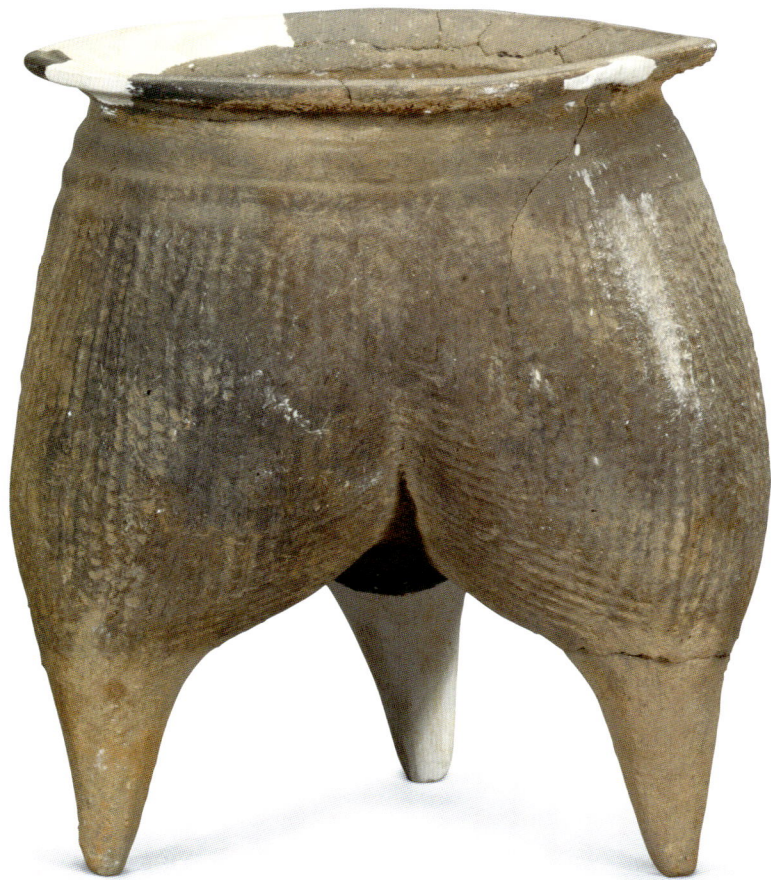

陶鬲

商前期（约公元前 16 世纪—公元前 14 世纪）
口径 33 厘米、腹径 36.8 厘米、高 49 厘米
1988—2003 年山西省垣曲商城出土
中国国家博物馆垣曲工作站藏

　　夹砂灰褐陶，侈口卷沿，深腹，上腹饰一周附加堆纹，其下还有数道附加堆纹连接足根，腹饰绳纹，联裆下接三锥足。

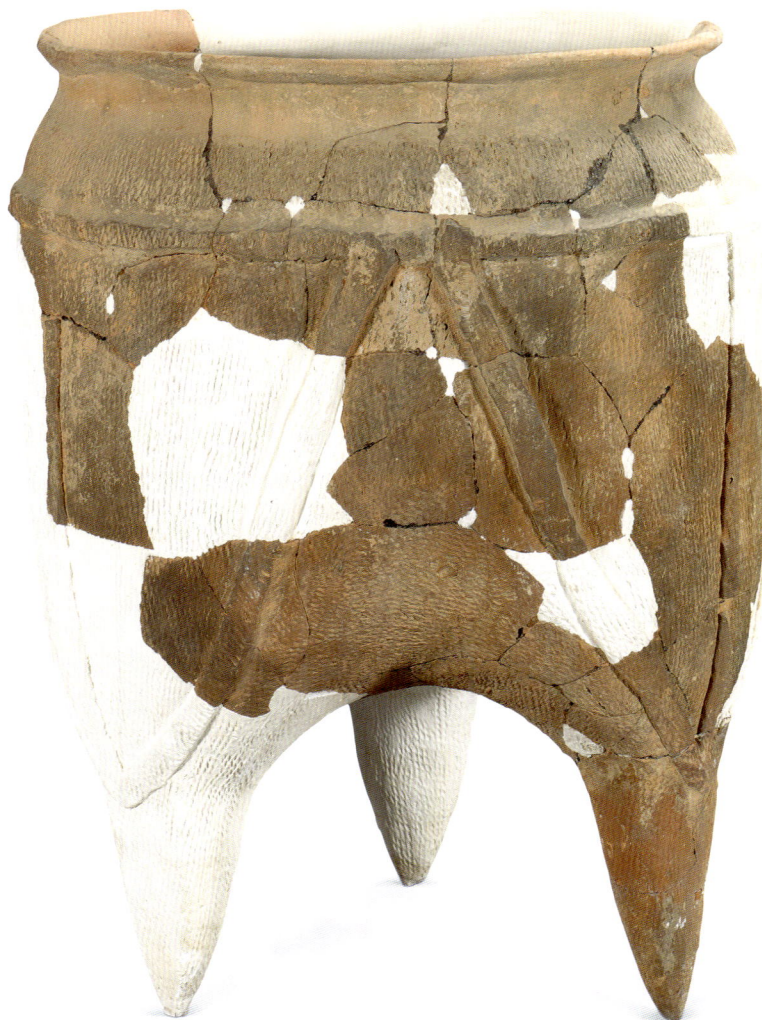

陶簋

商前期（约公元前 16 世纪—公元前 14 世纪）
口径 27 厘米、高 14.4 厘米、底径 18 厘米
1988—2003 年山西省垣曲商城出土
中国国家博物馆垣曲工作站藏

泥质灰陶，圆唇，窄沿略鼓，腹饰三道凹弦纹，高圈足外饰两道弦纹。

陶鼎

商前期（约公元前 16 世纪—公元前 14 世纪）
口径 15.2 厘米、高 16.6 厘米
1988—2003 年山西省垣曲商城出土
中国国家博物馆垣曲工作站藏

　　夹砂灰陶，折沿，沿内侧饰弦纹，方唇，鼓腹，
平底下接三个粗短的尖锥状足。

陶鬲

商前期（约公元前 16 世纪—公元前 14 世纪）
口径 29 厘米、腹径 26 厘米、残高 26 厘米
1988—2003 年山西省垣曲商城出土
中国国家博物馆垣曲工作站藏

　　夹砂灰黑陶，局部略呈黄褐色，侈口微折沿，沿下绳纹被抹，腹饰
竖行粗绳纹，分档下接三锥足。

陶大口尊

商前期（约公元前 16 世纪—公元前 14 世纪）

口径 33 厘米、肩径 26 厘米、高 37.5 厘米、底径 11.5 厘米

1988—2003 年山西省垣曲商城出土

中国国家博物馆垣曲工作站藏

　　泥质灰黑陶，喇叭形口，斜方唇，束颈，折肩处饰附加堆纹，斜腹，腹上部素面，其下分别饰弦断绳纹与绳纹，平底。

陶敛口瓮

商前期（约公元前 16 世纪—公元前 14 世纪）
口径 29 厘米、肩径 42 厘米、高 32 厘米、底径 11 厘米
1988—2003 年山西省垣曲商城出土
中国国家博物馆垣曲工作站藏

　　泥质灰陶、敛口、圆唇，唇部略凸呈棱状，折肩，肩
部绳纹被抹去，肩腹交接处饰三个宽桥形钮，腹微鼓，饰
数组弦纹，下腹及平底皆饰斜行绳纹。

卜骨

商前期（约公元前 16 世纪—公元前 14 世纪）
残长 18 厘米
1985—1986 年山西省垣曲商城出土
中国国家博物馆垣曲工作站藏

　　牛肩胛骨，左侧下半部残失。残存圆形钻孔 22
个，大体呈纵向排列，自左至右共 3 列，分别残存 4、
15、3 个钻孔。一些较大钻孔可见灼烧痕迹。

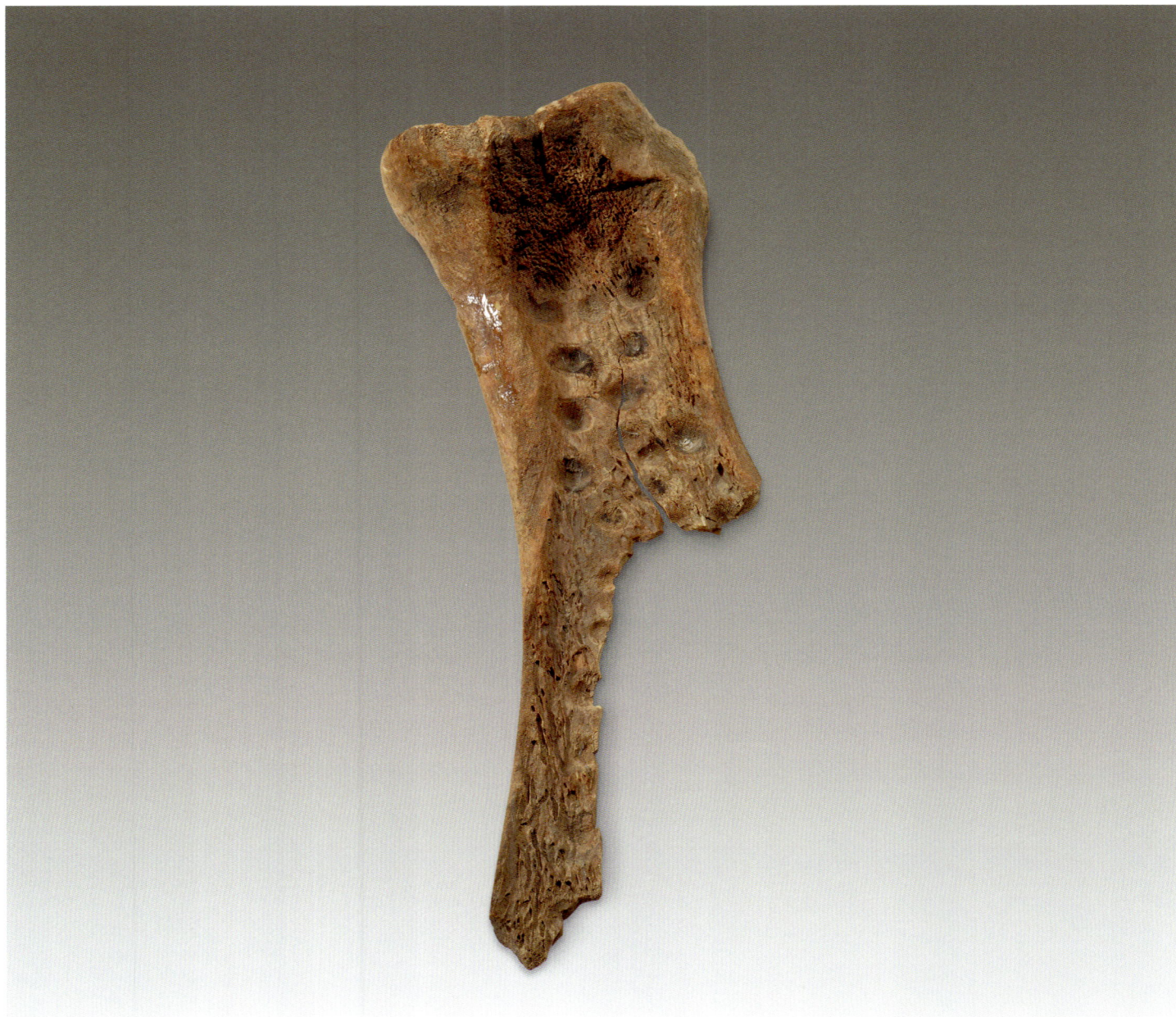

骨梳

商前期（约公元前 16 世纪—公元前 14 世纪）
残长 7.7 厘米、宽 3.6 厘米、厚 0.6 厘米
1988—2003 年山西省垣曲商城出土
中国国家博物馆垣曲工作站藏

平面呈长方形，通体磨光。顶端平齐，底端刻出多个宽窄不等的长齿。正面略外弧，上下各有三道较细的刻槽，中间有两道细刻槽，中部刻有较密集的菱格纹。

石镰

商前期（约公元前 16 世纪—公元前 14 世纪）
长 8.9 厘米、宽 2.95 厘米、厚 0.7 厘米
1985—1986 年山西省垣曲商城出土
中国国家博物馆垣曲工作站藏

　　系板岩制成，通体磨光。半月形，弧背凹刃，后
身下部无刃，便于握持。

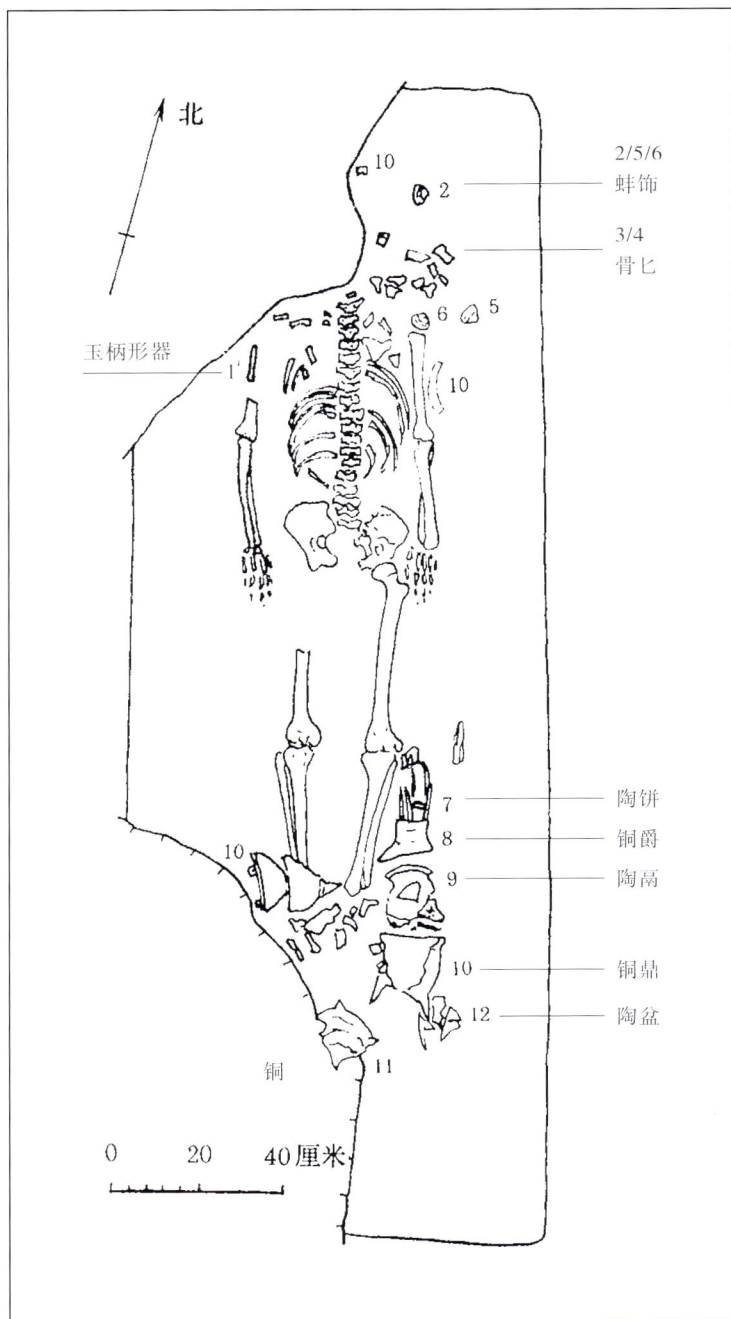

◎ M1 平面图

　　M1 为一座竖穴土坑墓，西北及东南局部被宋代及后来人类活动破坏而不存。墓口距地表深 0.7 ~ 0.9 米、长 2.76 米、宽 0.96 米、残深 0.3 ~ 0.4 米。墓主人为一成年女性，俯身直肢，头向西北，方向 346°。骨架保存状况不佳，头骨受扰动不见，左侧肢骨上段缺失。随葬品包括铜、玉、骨、蚌、陶等类，共 12 件。

青铜鼎

商前期（约公元前 16 世纪—公元前 14 世纪）
口径 18 厘米、高 19.2 厘米
1985—1986 年山西省垣曲商城出土
中国国家博物馆藏

　　侈口，沿外侧置二圆角方形立耳、深鼓腹，上腹饰两周弦纹，圜底、三圆锥状足。一足对耳、形成所谓"耳足四点配列式"。

青铜爵

商前期（约公元前 16 世纪—公元前 14 世纪）
口长 13.6 厘米、宽 5.2 厘米、高 16.8 厘米
1985—1986 年山西省垣曲商城出土
中国国家博物馆藏

　　敞口略呈椭圆形、尖尾、长流，流近口沿处置二半月形钉帽，上腹近直，饰饕餮纹，一侧置鋬手，下腹外鼓，腰腹之间可见折棱分界，平底，三细长尖锥状空足外撇，足横断面呈三角形。

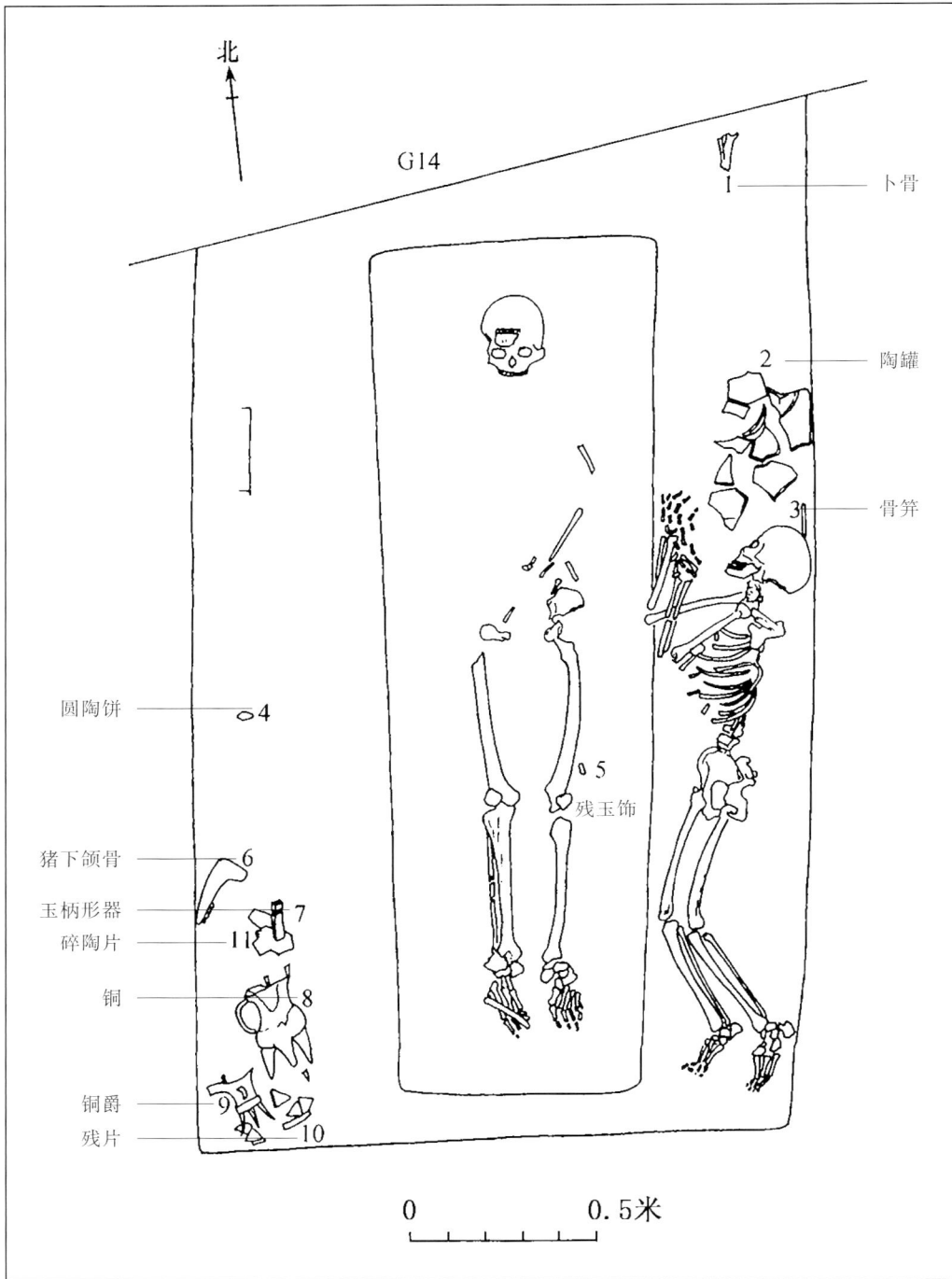

北

G14

卜骨 —— 1

陶罐 —— 2

骨笄 —— 3

圆陶饼 —— 4

残玉饰 5

猪下颌骨 —— 6

玉柄形器 —— 7

碎陶片 —— 11

铜 —— 8

铜爵 —— 9

残片 —— 10

0   0.5米

◎ M16 平面图

　　M16 位于商城东南角居民区内，葬具为长方形棺，长 2.3 米、宽 0.76 米，墓主仰身直肢，墓坑与棺中间为熟土二层台，上置殉人和随葬品，殉人侧身屈肢。随葬品丰富，包括铜器、陶器、卜骨等。

青铜斝

商前期（约公元前 16 世纪—公元前 14 世纪）
口径 15.8 厘米、高 28.4 厘米、底径 12 厘米
1988—2003 年山西省垣曲商城出土
中国国家博物馆藏

　　敞口，口沿内侧有一周凹弦纹，一侧口沿之上置两个三棱形柱帽，与之相对的领腹之间置一宽扁的鋬手，下腹外鼓突出，圜底下接三个尖锥状空足。

青铜爵

商前期（约公元前 16 世纪—公元前 14 世纪）
口径 15.8 厘米、高 28.4 厘米、底径 12 厘米
1988—2003 年山西省垣曲商城出土
中国国家博物馆藏

敞口，斜沿，口沿内侧有一周凹弦纹，流近口沿处置二对称的半月形柱帽，颈腹之间有一略宽扁的鋬手，上腹饰兽面纹，下腹外鼓，平底，下接三个尖锥状空足。

4. 三峡春秋

　　三峡工程是我国乃至世界上规模最大的水利枢纽工程，涉及受淹没的文物范围之广、保护数量之多，世所罕见。按照国务院原三峡办和国家文物局的工作部署，由中国历史博物馆、中国文物研究所两单位组建"三峡工程库区文物保护规划组"，负责三峡淹没及迁建区文物保护规划的编制工作。时任中国历史博物馆馆长俞伟超任组长，规划组办公室设在中国历史博物馆。

◎ 《长江三峡工程淹没及迁建区文物古迹保护规划报告》　中国国家博物馆图书资料部藏

　　《长江三峡工程淹没及迁建区文物古迹保护规划报告》分为总报告6本，分省报告2本，分县报告22本，《修订与补充》1本，《经费概算细则》1本，总计32本280余万字。这是我国第一部文物保护规划报告，也是迄今为止我国规模最大的文物保护规划报告。

三峡文物基础资料
收取证明

三峡文物工程库区保护规划组:

今收到<三峡淹没和迁建区受淹前文物古迹调研成果基础资料>一套（详见清单），共计壹佰叁拾柒册。

特此证明。

单位：重庆市文化局三峡办
时间：2005年12月19日

三峡淹没和迁建区受淹前文物古迹调研成果基础资料细目

单位：四川省文物考古研究所

序号	资料名称	报告时间	数量
1	三峡工程库区地面文物保护规划测试图		1套
2	四川省巫山县、巫溪县三峡水库淹没区地面文物实测图	94年10月	1套
3	四川省巫山县地面文物人个测试点实测图		1套
4	三峡工程库区忠县丁房阙无铭阙规划测试点报告		1套
5	关于忠县丁房阙、无铭阙抢救保护工程的研究		1套
6	四川省巫山县、巫溪县地面文物单项调查表	94年10月	1套
7	巫山县、巫溪县三峡工程淹没区地面文物保护规划报告	94年10月	1套
8	巫山县、巫溪县三峡工程库区地面文物保护规划测试点报告		1套
9	三峡工程四川省境内巫山县大昌古城暨住县地保护规划方案及图纸、照片		1套
10	三峡文物淹没区四川省巫山县、巫溪县地面文物点照片	94年10月	1套

单位：中国文物研究所石窟保护设计部
中国地质大学（北京）环境科学系

序号	资料名称	报告时间	数量
1	"熬硝鸿沟"题刻保护方案（湖北巴东）	94年9月	1套
2	玉虚洞题刻保护方案（湖北秭归）	94年9月	1套
3	宝塔沱水则石刻保护方案（四川云阳）	94年9月	1套
4	岑公洞题刻（四川万县）	94年9月	1套
5	羅塔坝栈题刻保护方案（四川奉节）	94年9月	1套
6	羅塔坝栈题刻实测图集（文物研究所）	94年9月	1套

中国国家博物馆

"三峡文物基础资料"收讫证明

由三峡工程库区文物保护规划组保存的"三峡文物基础资料"已按"三峡淹没和迁建区受淹前文物古迹调研成果基础资料细目"全部移交本馆，特此证明。

中国国家博物馆
2005年12月21日

◎ "三峡文物基础资料"收讫证明
中国国家博物馆图书资料部藏

三峡工程库区文物保护规划组委托全国30家文物保护单位对三峡库区进行文物调查，调查成果统称为"三峡文物基础资料"，暂存于规划组办公室，由专人保管。2019年规划组工作结束后，基础资料全部移交中国国家博物馆。

国家文物局：

　　目前，三峡工程淹没区的文物抢救工作已成为海内外各界人士关注的热点。最近台湾自然科学博物馆馆长李家维发函给中国历史博物馆和三峡文物保护规划组，提出自然科学博物馆希望参与三峡地区旧石器时代遗址的调查发掘工作，并拟筹措资金用于此项工作。

　　根据李家维先生与古人类研究所等单位提供的有关三峡淹没区旧石器遗存的材料，三峡地区旧石器地点共有四处，其中比较重要的、可做全面科学发掘的只有两处，其中最为重要的只有一处。从已往的调查和调掘工作中，我们已了解到，三峡地区的旧石器文化遗存具有华南旧石器时代某些典型的鲜明文化特色，对探讨华南乃至东南亚古文化的发展具有重大的科学价值，而且时代亦需属更新世晚期，正是当前国际关注的热点范围内。

　　但是，在有限的时间内要把这些旧石器时代遗存全部抢救发掘出来，无论在资金或人力方面都有相当的困难。今台湾自然科学博物馆

拟提供资金与我们合作，共同抢救发掘三峡库区的旧石器时代遗址，可以减少三峡库区旧石器遗存的损失程度，而且通过这一海峡两岸合作进行三峡考古的活动，对进一步增进海峡两岸的统一事业，将会起到积极作用。

　　根据以上情况，我们认为，可以同意台湾自然科学博物馆参加三峡库区旧石器时代遗址的抢救发掘工作。如果报请领导批准，我们建议：

　　一、由我们的第一单位（即中国历史博物馆）合作进行工作。

　　二、工作经费和调拨发掘、研究分析工作人员生活补贴等方面主要由台湾自然科学博物馆员担。

　　三、发掘报告出版时由双方联合署名。

　　四、发掘工作中的记录，原本留给我们，台湾自然博物馆可以摄回付本。

　　五、发掘所得标本，因属孤品，暂留在我方的有关单位保存，可送双方博物馆携到台湾一部分，以供展览和继续研究。

以上设想当否，请审核批示。

　　　　中国历史博物馆
　　　　三峡文物保护规划组
　　　　　　　1995年12月15日

◎ 中国历史博物馆、三峡文物保护规划组致国家文物局信件
　中国国家博物馆图书资料部藏

　　三峡工程淹没区的文物抢救工作一度成为海内外各界人士关注的热点，台湾自然科学博物馆希望参与三峡地区旧石器时代遗址的调查和发掘，并拟筹措资金支持。1995年，规划组将此情况报告国家文物局。

第三组 |航|空|遥|感|

　　遥感考古于 20 世纪初起源于英国，起初为航空摄影考古。20 世纪 50 至 70 年代，人类航天技术不断取得突破，遥感考古因此得到了飞跃性发展。1995 年，中国历史博物馆设立航空摄影考古工作小组，成为我国第一个专门的遥感考古机构。1997 年成立"遥感与航空摄影考古研究室"，对外称"遥感与航空摄影考古中心"。这一时期，遥感与航空摄影考古工作者的足迹涉及豫、蒙、新、渝等省。

1. 聚焦中原

　　1996 年 4 月至 5 月，中国历史博物馆与洛阳文物工作队合作，使用空军 Y-5 型飞机及 R-22 直升机对洛阳及周边地区的邙山墓群、汉魏故城、偃师商城、二里头遗址、隋唐洛阳城，以及安阳、巩县、郑州等地的部分古代遗址、陵墓进行航空摄影考古勘察工作。

◎ 航空摄影考古勘察麦田下的建筑遗迹

◎ 航空摄影考古视野下的邙山墓群

1997 年 10 月，中国历史博物馆、内蒙古自治区文物考古研究所组织人员，使用 Y-5 型飞机、单反相机、摄像机等，对汉黑城、辽上京与中京、元上都等遗址进行全覆盖式的航空摄影考古调查。

◎ 俯瞰元上都

◎ 航空勘察元砧子山墓地

◎ 航空勘察辽庆州城遗址

◎ 航空勘察金界壕及边堡

第四组 | 潜 | 龙 | 入 | 海 |

　　20世纪中叶，随着潜水技术的发展，考古学界开始关注水下沉船遗迹，"水下考古学"在西方应运而生。1987年，中国历史博物馆成立了水下考古研究室，成为我国首个水下考古研究机构。此后多年，该研究室一直承担我国重要水下考古及人才培养工作，取得了一系列丰硕成果，有力推动了我国古代造船史、航海技术史、海外贸易史、外销陶瓷史、水下文化遗产保护等领域的发展。这一阶段的代表性工作主要有对福建连江定海白礁一号、辽宁绥中三道岗等沉船的发掘。

1. 定海拾遗

　　福建连江定海白礁一号沉船遗址是我国水下考古调查与发掘工作开展最早的遗址之一。在1989年前期调查的基础上，1990年2月至5月、1995年5月至6月，中国历史博物馆分别与澳大利亚阿德莱德大学、西澳大利亚海洋博物馆合作，开展了对白礁一号沉船遗址的调查和发掘。此后，中国水下考古队伍又先后四次对该遗址进行了发掘，取得了重要的学术成果。白礁一号沉船遗址曾先后两次作为全国水下考古专业人员培训班的实习地点，为我国水下考古事业培养了一批骨干力量，成为中国水下考古学家的摇篮。

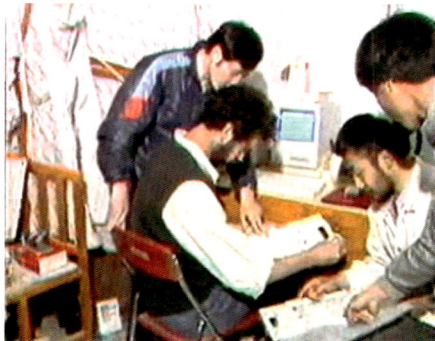

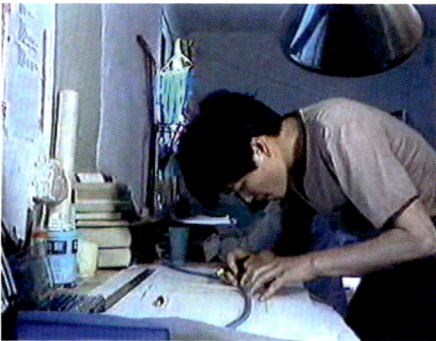

◎　白礁一号沉船遗址水下考古场景（1990年春）

　　白礁一号沉船出水遗物2600余件，以瓷器为主，还有极少量陶器、金属器、石网坠、木板等。瓷器主要有黑釉、青白釉、青釉和极少量青花，其中数量最多的是建窑系黑釉盏。从遗址木质遗物测年及出水瓷器特征判断，白礁一号沉船的时代约为南宋至元代。

◎ 白礁一号第二次水下考古（1995年春）

黑釉瓷盏

南宋—元（公元 1127—1368 年）
口径 10.1 厘米、高 4.5 厘米、
足径 3.4 厘米
福建省定海白礁一号沉船出水
中国国家博物馆藏

　　黑釉盏是白礁一号沉船遗址发现数量最多的瓷器，历年采集、发掘出水的黑釉盏达2251件（片）。这些黑釉盏变化很小，总体风格一致，尺寸相近。胎体为灰色，釉色深浅不一，个别器物呈现兔毫纹的效果。整体制作工艺较为粗放。这件黑釉盏釉色酱黑，釉面温润透亮。

黑釉瓷盏

南宋—元（公元 1127—1368 年）
口径 10.1 厘米、高 4.4 厘米、
足径 3.3 厘米
福建省定海白礁一号沉船出水
中国国家博物馆藏

　　这种黑釉盏是唐宋以来盛行的饮茶用具，蔡襄的《茶录》里称宋代茶盏为"宜黑盏"，"以建安兔毫者为上品"。考古发掘表明典型"建盏"窑口为今福建建阳水吉镇的后井、池中窑址，但闽江流域、闽南沿海和闽西南有三十多个仿烧建盏的遗存。经比较研究，定海沉船的黑釉盏来自闽江口附近"仿建"窑口的可能性较大。随着唐宋斗茶习俗在东亚地区的广泛传播，作为斗茶茶具的黑釉盏广泛行销到东亚、东南亚地区。

青白釉瓷碗

南宋—元（公元 1127—1368 年）
口径 13.1 厘米、高 3.5 厘米、足径 7.1 厘米
福建省定海白礁一号沉船出水
中国国家博物馆藏

　　青白釉碗是白礁一号沉船遗址的另一大宗船货，也是福建宋元窑址
中常见品种，亦是宋元时期我国瓷器外销的常见器类，可能为连江一带窑
口的产品。这批青白瓷碗整体特征相似，胎色灰白，质地较粗糙。釉色青
白泛灰，釉层稀薄。器物内底均刮釉一周形成涩圈，可以判断其采用叠烧
的方式烧制。

2. 渤海寻珠

辽宁绥中三道岗沉船遗址的发掘，是我国首次独立完成的大规模水下考古工作，也是当时东亚地区为数不多的大型水下考古工作。1992 年至 1997 年，由中国历史博物馆联合多家考古机构，组成绥中水下考古工作队，对其进行了历时六年的调查和发掘，确认该沉船为一艘元代商船，相关成果为研究元代磁州窑的外销及航海史、造船史等问题提供了重要实物资料。

这一发现被评为"1993 年度全国十大考古新发现"。

◎ 水下发掘钢质网格探方示意图

◎ 水下发掘和记录

◎ 三道岗沉船出水瓷器

　　绥中三道岗沉船发掘出水文物逾600件，以瓷器为主，有白地黑花、白釉、黑釉、孔雀蓝釉等典型的磁州窑产品，瓷器种类有盆、罐、梅瓶、碗碟、器盖等。此外，还有少量犁铧、铁锅等铁器。

磁州窑黑釉瓷碗

元（公元 1206—1368 年）
口径 14.8 厘米、高 7.5 厘米、足径 6 厘米
辽宁省绥中三道岗沉船出水
中国国家博物馆藏

碗内及外腹上部施黑色釉，釉色光亮，外腹下部及足底露胎。内壁釉面有兔毫纹效果。

磁州窑黑釉瓷碗

元（公元 1206—1368 年）
口径 18.8 厘米、高 9.6 厘米、足径 7.6 厘米
辽宁省绥中三道岗沉船出水
中国国家博物馆藏

　　碗内及外腹施酱黑色釉，足底露胎。釉色润泽明亮，内外壁釉面有兔毫纹效果。

磁州窑黑釉瓷罐

元（公元 1206—1368 年）
口径 14.5 厘米、高 7 厘米、足径 6 厘米
辽宁省绥中三道岗沉船出水
中国国家博物馆藏

胎体较厚，外腹下部及器底露胎，釉色光亮。

磁州窑白釉瓷罐

元（公元 1206—1368 年）
口径 15.6 厘米、腹径 19.4 厘米、高 14 厘米、
底径 14.6 厘米
辽宁省绥中三道岗沉船出水
中国国家博物馆藏

　　胎体较厚，胎质较疏松，胎色白中略显浅黄。罐内外
施化妆土，罩透明釉，内满釉，外施釉近底，外底露胎。

磁州窑龙凤纹白地黑花瓷罐

元（公元 1206—1368 年）

口径 18.2 厘米、腹径 30.8 厘米、高 30.6 厘米、足径 12.5 厘米

辽宁省绥中三道岗沉船出水

中国国家博物馆藏

　　肩部饰缠枝菊花纹，腹部两开光内各绘一婴童，身着肚兜，手握折枝花卉、倚坐在牡丹、菊花间，憨态可掬。器型与纹饰浑然一体，线条流畅纯熟，体现了磁州窑质朴明快的艺术风格，为元代磁州窑的精品之作。

磁州窑龙凤纹白地黑花瓷罐

元（公元 1206—1368 年）
口径 18.8 厘米、高 29.2 厘米、足径 11.6 厘米
辽宁省绥中三道岗沉船出水
中国国家博物馆藏

　　肩部两组弦纹间的宽带内绘缠枝菊花，腹部二菱形开光内分别绘一游龙和一飞凤，龙凤在云气衬托中，或张牙舞爪遨游太空，或振翅扶摇直上九天。在开光之间绘折枝花卉。线条粗犷豪放，具有典型磁州窑风格。

磁州窑鱼藻纹白地黑花瓷盆

元（公元 1206—1368 年）
口径 46.5 厘米、高 16.5 厘米、底径 21 厘米
辽宁省绥中三道岗沉船出水
中国国家博物馆藏

　　沿面绘草叶连点纹，内壁自上而下绘
水波纹，内底一圈线纹内绘两组水藻纹，游
鱼、蝌蚪穿梭其间，生动逼真。

磁州窑花卉纹白地黑花瓷盆

元（公元 1206—1368 年）
口径 32.8 厘米、高 16 厘米、底径 17.4 厘米
辽宁省绥中三道岗沉船出水
中国国家博物馆藏

　　绥中三道岗出水的盆器型均较大，多为宽沿外折、斜直腹、平底。胎体较厚，胎色灰白，胎体施一层白色化妆土，再以黑彩、褐彩绘出纹饰，最后罩上一层透明釉。这件器物的内口沿下及内底以褐彩各绘一组双圈线纹，内壁三等分，绘三组草叶纹，内底面绘一组草叶纹，笔意潇洒。内底有五枚支钉痕。

磁州窑圆圈纹白地黑花瓷器盖

元（公元 1206—1368 年）
口径 6.7 厘米、沿径 10.4 厘米、顶径 3.5 厘米、高 3.5 厘米
辽宁省绥中三道岗沉船出水
中国国家博物馆藏

　　此器盖面釉下绘褐彩螺旋纹，属磁州窑产品。

磁州窑孔雀蓝釉瓷器盖

元（公元 1206—1368 年）
口径 12.1 厘米、沿径 18.8 厘米、顶径 4.9 厘米、高 5.5 厘米
辽宁省绥中三道岗沉船出水
中国国家博物馆藏

出水的孔雀蓝釉器物数量很少，一般是在化妆土和褐彩纹饰上罩一层孔雀蓝釉。这件器盖以釉下褐彩绘一周草叶纹，再将有纹样处釉面剔去，露出褐彩。

磁州窑白釉瓷梅瓶

元（公元 1206—1368 年）
口径 5 厘米、腹径 11.7 厘米、高 23.3 厘米、底径 9.2 厘米
辽宁省绥中三道岗沉船出水
中国国家博物馆藏

　　口沿处施酱釉，其余部分为白色化妆土罩透明釉，应为盛酒水的器皿。

磁州窑白釉褐彩瓷碟

元（公元 1206—1368 年）
口径 13.2 厘米、高 3.5 厘米、足径 6.6 厘米
辽宁省绥中三道岗沉船出水
中国国家博物馆藏

　　碟是三道岗沉船出水数量最多的瓷器类别，器内及外壁上部施白色化妆土及透明釉，有流釉及釉面冰裂纹现象。器内多为釉下白地褐彩弦纹和草、叶、花纹，少量为素面。这件碟内以褐彩双弦纹勾边，内绘花叶纹。

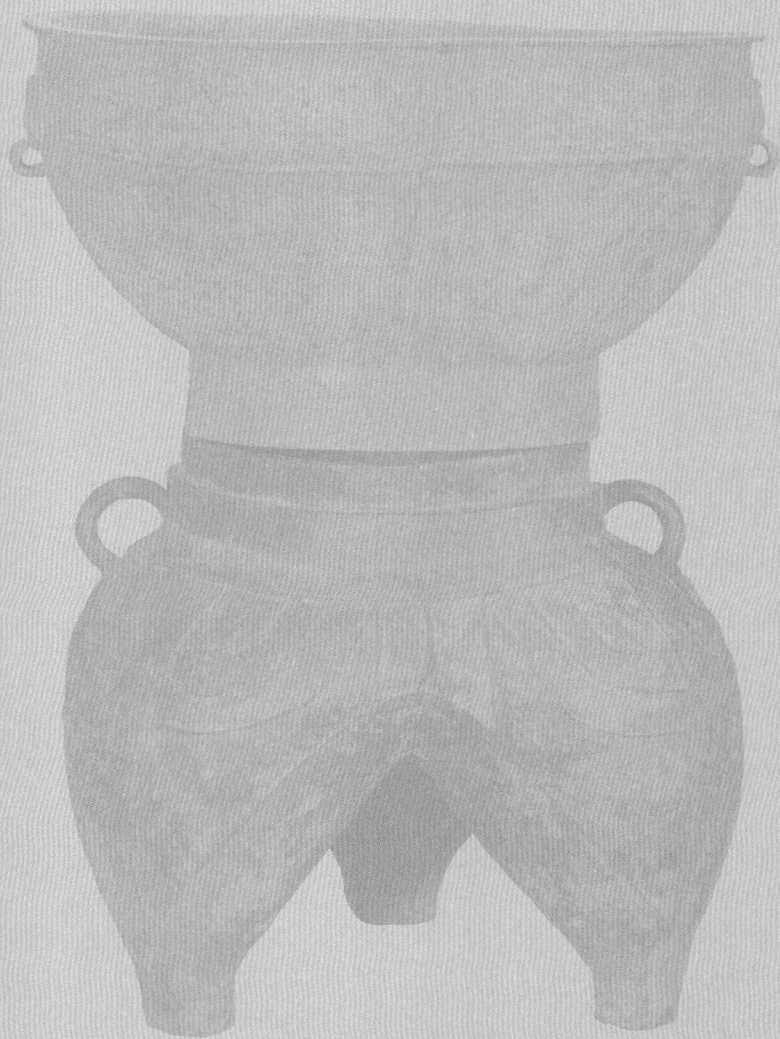

第三单元

与时俱进

　　2003 年 2 月 27 日，中国历史博物馆和中国革命博物馆正式合并，组建成为中国国家博物馆，考古事业继续蓬勃发展。田野考古工作的重心逐步转向晋南、关陇、苏皖等地，取得多项重大成果；水下考古工作迅速发展，足迹遍布国内沿海多个区域，积极拓展肯尼亚拉穆群岛等国外水下考古业务，承担培养国内水下考古专业人员的任务。遥感与航空摄影中心也在晋、蒙、陕、新等区域开展工作，在探寻古代遗址，加强文物保护工作中发挥了重要作用，同时也为后续中国国家博物馆考古院科技考古的发展奠定了良好的工作基础。

第一组 | 田 | 野 | 考 | 古 |

中国国家博物馆与山西省考古研究所及运城市文物保护研究所合作，继续在晋南开展考古工作，完成了运城盆地东部区域系统调查，发现绛县周家庄、西吴壁等重要遗址，为其后多年的工作奠定了基础。调查工作结束后，首先试掘了夏县辕村遗址，之后对绛县周家庄遗址进行了连续十年的大规模考古发掘工作；与多家单位联合启动早期秦文化研究课题，调查了西汉水、牛头河等流域，选择甘肃礼县西山城址、大堡子山等遗址进行了考古发掘，在多个领域取得重大突破；与安徽省文物考古研究所合作开展"姑溪河—石臼湖流域调查项目"，为认识区域聚落形态及社会演进提供了扎实的实物资料。

1. 冀州之中

　　传说禹分九州，为首的冀州位于两河间，中心在今晋南地区。龙山时代，晋南聚落众多，呈现出多个等级，且等级越高，数量越少。位于绛县的周家庄遗址规模宏大，龙山时代遗存的分布面积约 400 多万平方米，颇具都邑气派。这类都邑级别的聚落仅在晋南发现两处，另一处是著名的襄汾陶寺遗址。

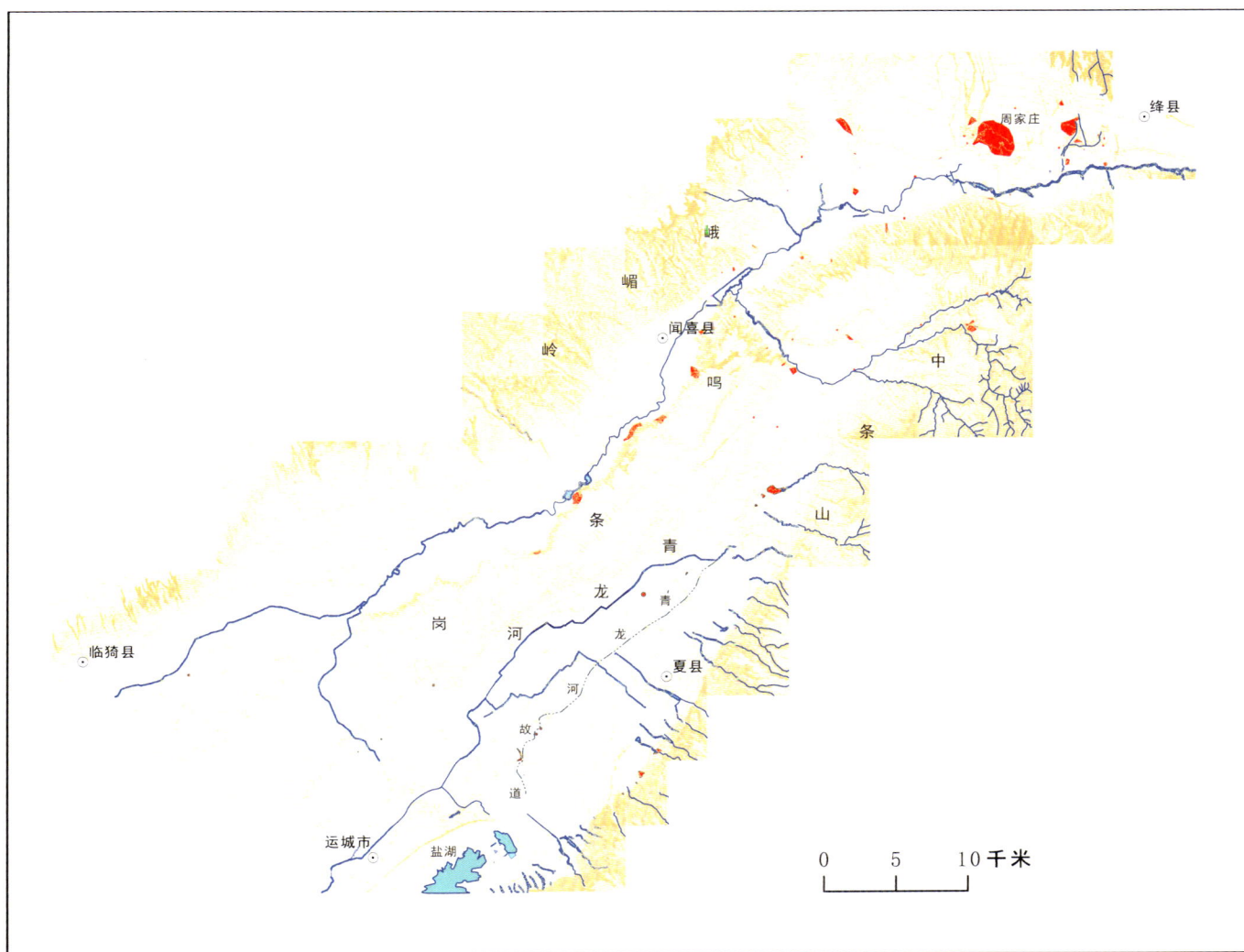

◎ 运城盆地东部龙山时代聚落分布图　（《运城盆地东部聚落考古调查与研究》彩版一〇六）

　　绛县周家庄遗址背靠紫金山，面向涑水河，河对岸又有中条山为其天然屏障，襟山带水，气势磅礴。陶寺文化晚期，周家庄取代陶寺发展成为晋南地区最大的中心聚落，同时也是当时国内最大的中心聚落之一。该遗址对于研究早期国家的起源与发展具有重要意义，是中华文明探源工程的重要研究对象。

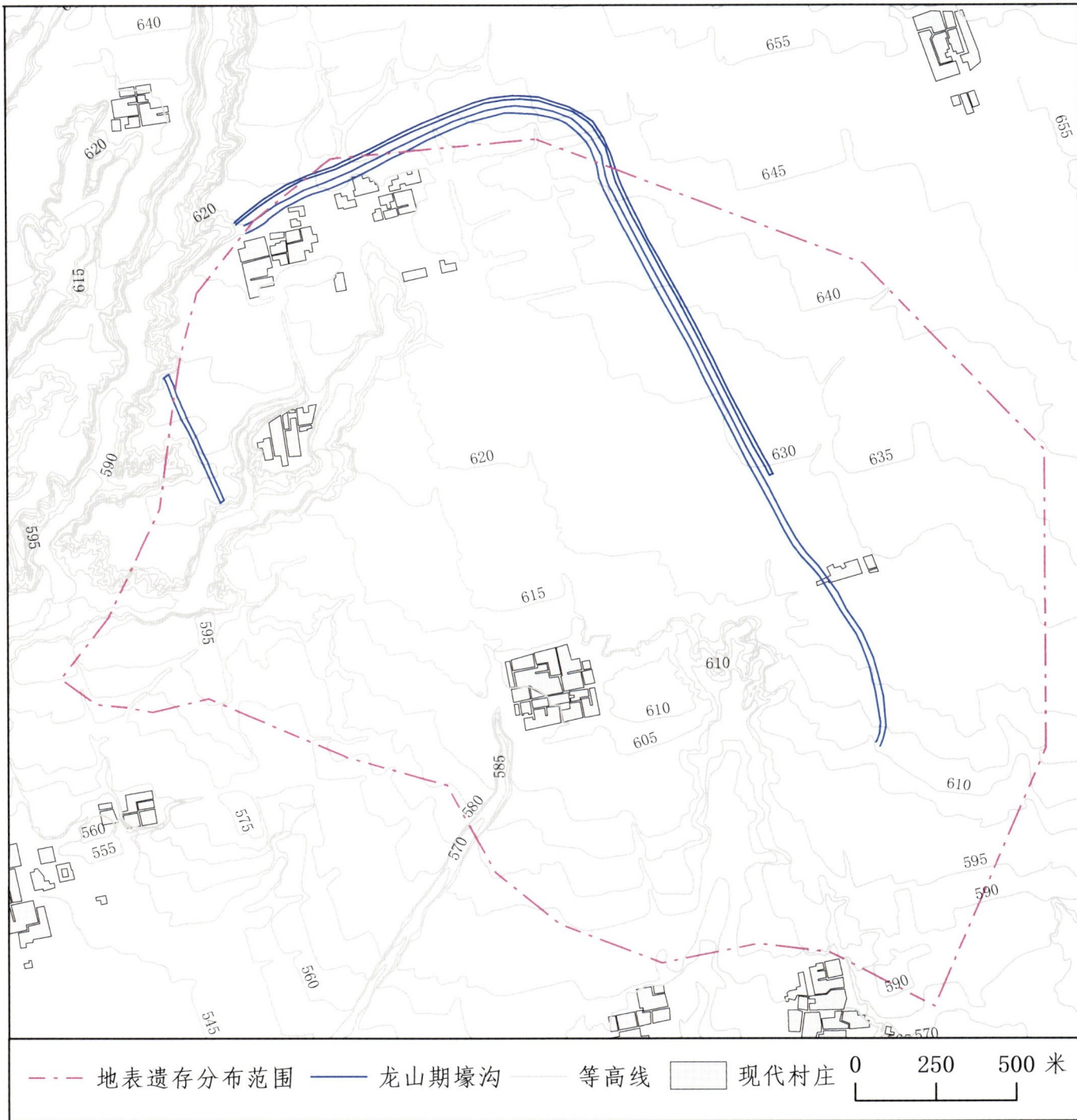

◎ 周家庄遗址龙山环壕聚落示意图

陶肥足鬲

陶寺文化（约公元前 2300—公元前 1800 年）
口径 40 厘米、腹径 48 厘米、高 47 厘米
2007—2017 年山西省绛县周家庄遗址出土
中国国家博物馆垣曲工作站藏

陶寺文化带有三个肥硕袋足的鬲颇具特色，一般称之为肥足鬲。此件陶鬲为夹砂灰陶，侈口，斜方唇，领略高，腹略鼓。袋足肥硕、鬲盆较深，整体略瘦高，饰绳纹。唇部压印绳纹被抹，领腹交接处饰一圈附加堆纹，上有均匀的竖行压印痕迹，通体饰斜向绳纹。

陶瘦足鬲

陶寺文化（约公元前2300—公元前1800年）
口径23厘米、腹径31.2厘米、高37.6厘米
2007—2017年山西省绛县周家庄遗址出土
中国国家博物馆垣曲工作站藏

　　高领、侈口、方唇，领下是三个袋足对接形成的器腹，并置对称双錾。其袋足采用模制法。唇部饰数周弦纹，领上部饰一周附加堆纹，附加堆纹上压印与领下部相连的竖行绳纹，领腹相接处有一道抹痕。

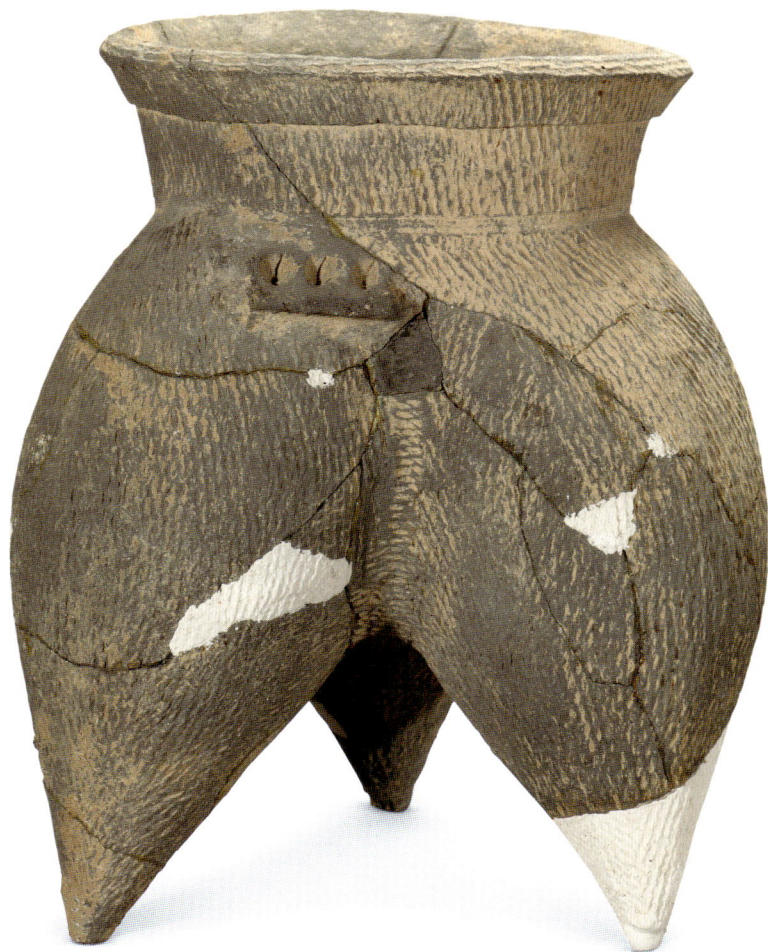

陶单把鬲

陶寺文化（约公元前 2300—公元前 1800 年）
口径 12.5 厘米、腹径 13 厘米、高 17 厘米
2007—2017 年山西省绛县周家庄遗址出土
中国国家博物馆垣曲工作站藏

　　陶寺文化常见炊器，此器侈口，领部绳纹被抹去，腹饰绳纹。沿外侧与上腹部以一宽扁的单把相连。

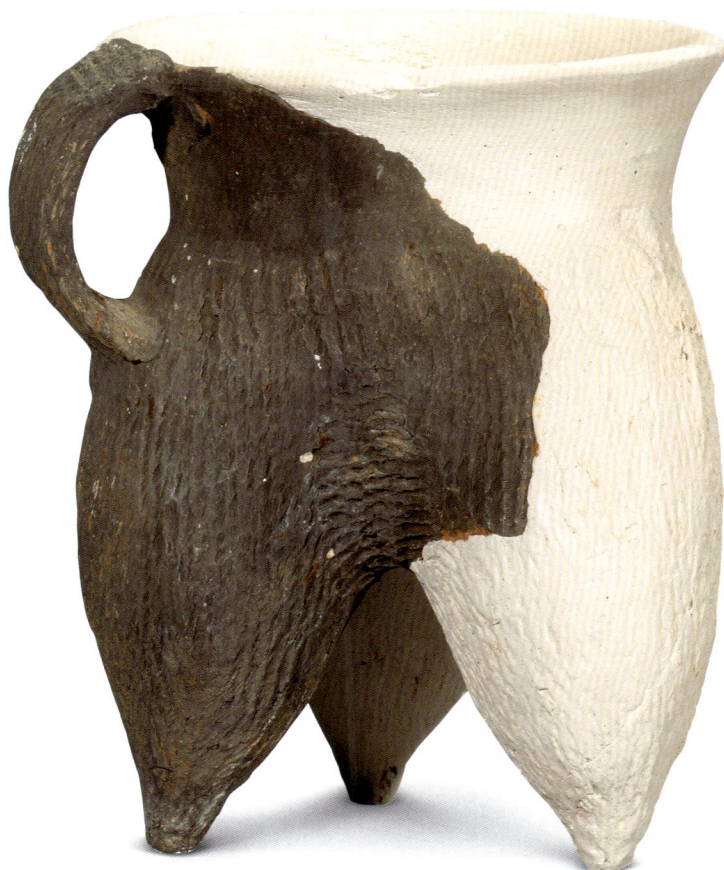

陶甗

陶寺文化（约公元前 2300—公元前 1800 年）
口径 28 厘米、腹径 28 厘米、高 52.2 厘米
2007—2017 年山西省绛县周家庄遗址出土
中国国家博物馆垣曲工作站藏

　　甗是史前及早期历史时期重要的炊器，于公元前 5000 年左右诞生于长江中下游地区，如崧泽文化之所见。此后向北传播，在新石器时代末期广泛流行于黄河、长江流域。此件陶甗为夹砂灰陶、高领、方唇，侈口，上腹略直，下接三个肥硕的袋足，内侧置凸棱状箅隔。腹中上部有两鸡冠形鋬，三袋足外撇，裆部较宽，微下凸。领腹交接处有一周附加堆纹。

陶敛口圈足罐

陶寺文化（约公元前 2300—公元前 1800 年）
口径 20 厘米、肩径 27.2 厘米、高 32 厘米、
底径 20.6 厘米
2007—2017 年山西省绛县周家庄遗址出土
中国国家博物馆垣曲工作站藏

　　泥质黑陶，局部被火灼烧呈褐色，敛口，斜方
唇，沿腹交接处硬折成钝角，圜底，下接圈足，圈足
外侧有四个工字形孔。腹部饰篮纹。

陶圈足盘

陶寺文化（约公元前2300—公元前1800年）
口径35厘米、高12.5厘米、底径28厘米
2007—2017年山西省绛县周家庄遗址出土
中国国家博物馆垣曲工作站藏

　　泥质黑陶，敞口，宽沿，尖圆唇，盘较浅、平底，盘腹下接圈足，圈足较高，周边有四圆孔。

陶浅腹盆

陶寺文化（约公元前 2300—公元前 1800 年）
口径 29.6 厘米、高 8 厘米、底径 12.8 厘米
2007—2017 年山西省绛县周家庄遗址出土
中国国家博物馆垣曲工作站藏

泥质灰陶，敞口，圆唇，浅腹，平底。

◎ 周家庄遗址集中分布的瓮棺葬

◎ 周家庄遗址集中分布的较大型墓葬照片

在周家庄遗址发现了多处龙山时代墓地，其中所见墓葬有两类：一是土坑墓，二是瓮棺葬。土坑墓皆为长方形竖穴土坑，基本不见随葬品。依墓口面积大小差异分大、中、小三类，规模大者数量少。瓮棺葬是以陶器为葬具，埋葬儿童的墓葬。两类墓葬按照一定规律排列于墓地当中，互相之间少见叠压打破关系，显然是因清晰的规划管理所致。

陶肥足鬲

陶寺文化（约公元前 2300—公元前 1800 年）
口径 24 厘米、腹径 39 厘米、高 40 厘米
2007—2017 年山西省绛县周家庄遗址出土
中国国家博物馆垣曲工作站藏

瓮棺是以实用陶器为葬具，埋葬夭折儿童的丧葬器物。周家庄遗址用作小儿瓮棺的器类有鬲、折肩罐、圈足罐等。史前遗址的瓮棺葬多埋葬于居所附近，但在周家庄遗址，小儿瓮棺与土坑墓共同分布于墓地中，相互之间排列有序，基本不见叠压打破关系，显示出独特的埋葬习俗。此件肥足鬲为夹砂灰陶、矮直领、方唇、唇面较平整、鬲盆较浅、袋足肥硕、整体略显矮胖。通体饰绳纹。

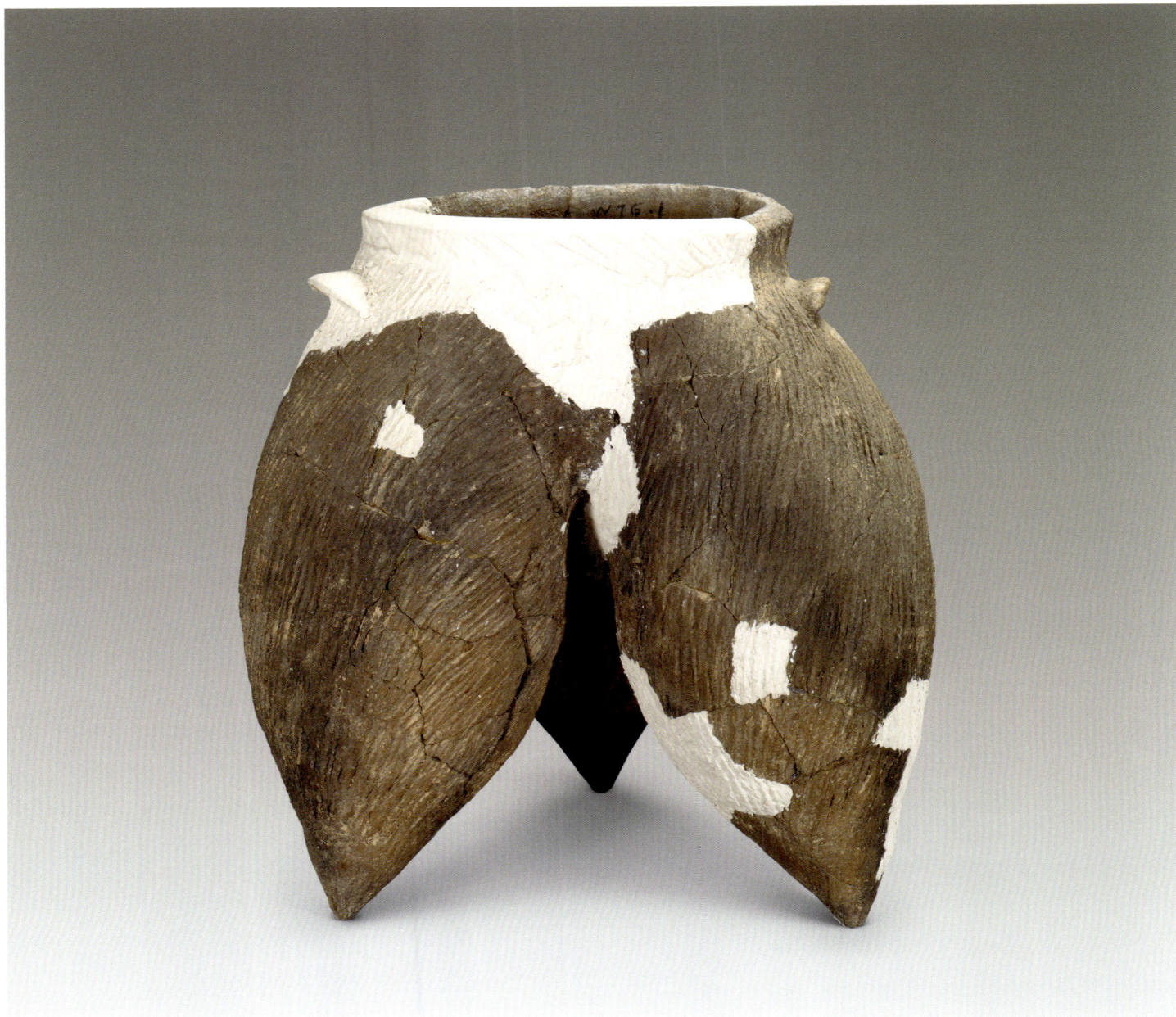

陶瘦足鬲

陶寺文化（约公元前 2300—公元前 1800 年）
口径 23 厘米、腹径 31 厘米、高 37 厘米
2007—2017 年山西省绛县周家庄遗址出土
中国国家博物馆垣曲工作站藏

　　圆唇，沿外侧饰粗绳纹，领腹交接处有一周抹痕，上腹两侧置双鋬，分档下接三个略瘦的袋足。

陶敛口斝

陶寺文化
（约公元前2300—公元前1800年）
口径24厘米、腹径27.6厘米、
高23.6厘米
2007—2017年山西省绛县周家庄
遗址出土
中国国家博物馆垣曲工作站藏

敛口斝是陶寺文化的常见炊
器。此件器物为夹砂灰褐陶，敛
口、方唇，沿外侧饰数周弦纹，
斜腹下接三个袋足。

陶折肩罐

陶寺文化（约公元前2300—公元前1800年）
口径20厘米、肩径35厘米、高44厘米、
底径12厘米
2007—2017年山西省绛县周家庄遗址出土
中国国家博物馆垣曲工作站藏

折肩罐是陶寺文化的常见器型，在陕北
的神木新华等遗址也有发现。此件器物尖圆
唇，肩腹交接处折成钝角，沿外侧为素面，
肩部饰弦断篮纹，腹部饰篮纹。

　　周家庄龙山聚落的生业经济以农业为主，另有制陶等手工业。生产工具以陶、石、骨器为主，另发现少量小件铜器。晋南地区发现龙山时代铜器的聚落有两处，另一处为襄汾陶寺遗址。这一时期的铜器数量尚少，在晋南仅见于大型中心聚落之中。

石斧

陶寺文化（约公元前 2300—公元前 1800 年）
长 14.3 厘米、宽 6 厘米、厚 4 厘米
2007—2017 年山西省绛县周家庄遗址出土
中国国家博物馆垣曲工作站藏

　　整体呈椭圆柱体，一端有双面弧刃，通体磨光。

石刀

———

陶寺文化（约公元前 2300—公元前 1800 年）
长 12.2 厘米、宽 4.7 厘米、厚 0.5 厘米
2007—2017 年山西省绛县周家庄遗址出土
中国国家博物馆垣曲工作站藏

　　周家庄遗址的石刀器体多为长方形或梯形，另有少量为平行四边形。双面平刃或弧刃，一般选择刀体中部对钻成单孔。实验考古及民俗学分析表明，此类石刀的长度与成人手掌宽度接近，使用时将绳索穿入孔内，将手指套入绳圈中后再握在掌中，用以割取谷穗。此件石刀通体磨光，呈长方形，弧刃，器身钻孔，钻孔近刃部。

石铲

陶寺文化（约公元前2300—公元前1800年）
长 22 厘米、宽 11.5 厘米、厚 0.9 厘米
2007—2017 年山西省绛县周家庄遗址出土
中国国家博物馆垣曲工作站藏

　　石铲可用于起土，多装柄使用。此件石铲平面
近长方形，整体较扁平，双面刃。

骨锥

陶寺文化（约公元前2300—公元前1800年）
长 11.5 厘米、直径 2.3 厘米
2007—2017 年山西省绛县周家庄遗址出土
中国国家博物馆垣曲工作站藏

　　此件骨锥是利用动物肢骨制作而成，通体磨
光，上宽下尖，尖端磨制尤为精致。

陶拍

陶寺文化（约公元前 2300—公元前 1800 年）
长 8 厘米、最宽处 8.5 厘米
2007—2017 年山西省绛县周家庄遗址出土
中国国家博物馆垣曲工作站藏

　　此件陶拍为制陶工具，陶质为泥质灰陶，纵藏面略呈梯形，中央有椭圆孔，一侧有密集的凸点。

骨镞

陶寺文化（约公元前2300—公元前1800年）
长11.8厘米、直径0.9厘米
2007—2017年山西省绛县周家庄遗址出土
中国国家博物馆垣曲工作站藏

　　此镞前锋截面为等边三角形，铤为圆锥形，可
称之为三棱镞。三棱镞的穿刺效果和杀伤力十分突
出，在龙山时代广泛见于中原、江汉等地区。

铜刀

陶寺文化（约公元前 2300—公元前 1800 年）
长 13 厘米、宽 2.4 厘米、厚 0.3 厘米
2007—2017 年山西省绛县周家庄遗址出土
中国国家博物馆垣曲工作站藏

　　此类弧形铜刀在史前时期见于黄河流域多地，如甘肃东乡林家、神木石峁等遗址。此件铜刀的刀柄残失，仅存弧形刀身。

2. 嬴秦源流

学术界对于秦人与秦文化的来源有两种截然不同的观点，即所谓"东来说"（东夷）和"西来说"。至于秦人如何由一个蕞尔小邦逐渐发展壮大，进而扫清六合、一统天下更是学界关注却未厘清之问题。2004年起，甘肃省文物考古研究所、中国国家博物馆、陕西省考古研究院、北京大学、西北大学五家单位联合启动"早期秦文化与西戎文化考古调查、发掘与研究项目"，至今开展已近二十年，实施了一系列考古调查、发掘与研究工作，在多个学术问题上均取得重大突破。

（1）殷商遗风，厥号秦嬴

李崖遗址位于甘肃省清水县北侧，地处樊河和牛头河交汇处的台地上。遗址西周时期秦文化遗存分布面积约50万平方米，是牛头河流域同时期最大的遗址。目前已经揭露出丰富的西周早、中期秦文化遗存，其中包含一批具有殷商遗风的秦文化墓葬，证明早期秦文化与商文化关系密切，秦人乃是自东方迁徙而来。

清华简《系年》记载，周公东征迁商奄之民于朱圉以抵御戎人。今甘肃天水市甘谷县有朱圉山，距李崖遗址约90公里。《史记·秦本纪》记载，西周早中期，秦人始祖大骆一族生活在甘肃东部，其应当是商奄之民的后裔，所以保留了浓厚的殷商遗风。西周晚期，大骆一族被西戎灭族，文化断绝。李崖遗址秦文化遗存的存续时代或与大骆一族活动时代相当。

◎ 李崖遗址全景图

◎ 李崖遗址 M23

陶簋

西周中期
口径 22.6 厘米、高 16.3 厘米、底径 12.8 厘米
2009—2011 年甘肃省清水县李崖遗址出土
甘肃省清水县博物馆藏

　　泥质灰陶，侈口，卷沿，圆唇，束颈，鼓腹，
圜底，喇叭口形圈足。腹部饰交错绳纹。

陶鬲

西周中期
口径 15.2 厘米、高 17.5 厘米
2009—2011 年甘肃省清水县李崖遗址出土
甘肃省清水县博物馆藏

　　夹砂灰陶，侈口，卷沿，方唇，沿外
侧绳纹被抹，束颈，分裆，锥足。通体饰
粗绳纹。

陶鬲

西周中期
口径 11 厘米、高 13.8 厘米
2009—2011 年甘肃省清水县李崖遗址出土
甘肃省清水县博物馆藏

　　夹砂红褐陶，直口，叠唇，沿外侧饰
一周扭索状附加堆纹，腹微鼓，分裆，袋
足，乳状足根，上腹置双錾，腹及袋足饰
绳纹。

（2）附庸小邦，西垂大夫

周厉王时，西戎反王室，灭犬丘大骆之族，此后秦仲复国被杀，秦人几近灭族。当是时，周宣王以兵士七千人助秦战败西戎，秦遂有大骆之地犬丘及秦邑，为周之西垂大夫，定都西犬丘，即今甘肃礼县西汉水上游一带。秦人自此在甘肃东部站稳脚跟。此后，秦人物质文化全盘接受周文化，习用"周礼"。

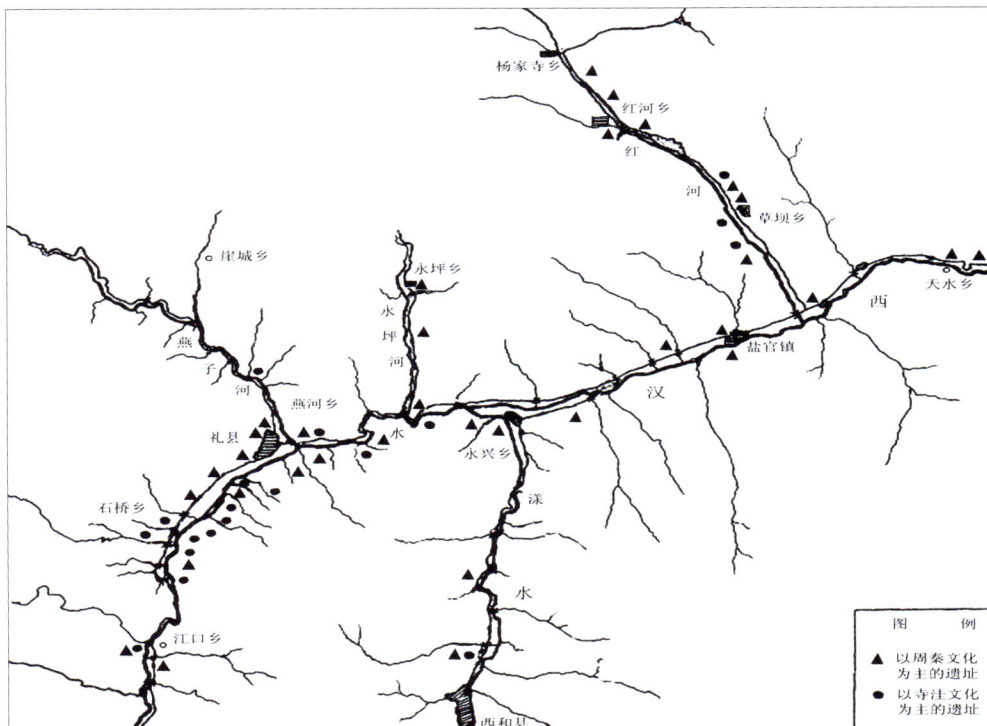

◎ 西汉水上游秦文化与西戎文化遗址分布图

考古调查和发掘显示，在西汉水上游一带存在着丰富的秦文化遗存。年代从西周晚期开始，至秦统一未曾间断。在这里，秦实现了由附庸小邦向封国的跳跃。2004年，早期秦文化考古队对西汉水上游开展了详细的考古调查工作，发现37处秦文化遗址。按照分布地域，可将这些遗址划归为六八图—费家庄、大堡子山—圆顶山、西山—石沟坪遗址群，即秦人的核心区域。此后又在调查中发现西山、大堡子山、山坪三座早期秦文化城址，为寻找西犬丘提供了重要线索。

◎ 西山遗址发掘现场

西山遗址位于甘肃礼县县城以西的山坡地带，调查中发现城址一座，面积约 10 万平方米。考古工作表明，城址的建造年代不晚于西周晚期。2005 年对遗址进行了发掘，发现一座西周晚期的秦文化贵族墓葬 M2003，随葬三鼎两簋，是代元士一级墓葬。

◎ 西山遗址 M2003

青铜鼎

西周晚期
口径 28 厘米、通高 24.4 厘米
2005 年甘肃省礼县西山遗址出土
甘肃省礼县甘肃秦文化博物馆藏

　　直口，平沿，双立耳，半球状深腹，上腹饰两道
弦纹，三蹄足中部内收。

青铜簋

西周晚期
口径 21.6 厘米、通高 21.6 厘米
2005 年甘肃省礼县西山遗址出土
甘肃省礼县甘肃秦文化博物馆藏

　　簋盖呈浅盘豆状、敞口、斜弧腹，圈足状捉手，以盖钮为中心，盖身环饰瓦棱纹。簋为敛口，鼓腹，腹部有一对半环形兽耳，耳下出珥，圈足，圈足下有三个矮小的足。口下部饰一周夔龙纹，腹部饰瓦棱纹，圈足饰一周三角形简化夔纹，三足均为立体的兽面纹造型。两耳上端饰兽首纹，耳饰卷云纹。

青铜簋

西周晚期
口径 19.2 厘米、通高 21.7 厘米
2005 年甘肃省礼县西山遗址出土
甘肃省礼县甘肃秦文化博物馆藏

簋盖呈浅盘豆状，敞口、斜弧腹、圈足状捉手，以盖钮为中心，盖身饰瓦棱纹。簋为敛口、鼓腹，腹部有一对半环形兽耳，耳下出珥，圈足。圈足下有三个兽蹄形足。口沿下和圈足各饰一周重环纹，器腹饰瓦棱纹，足面饰夔龙纹，双耳上部为龙首衔环造型，珥饰简化的鸟纹。

玉璧

西周晚期
直径 13.3 厘米、好径 6.1 厘米、厚 0.45 厘米
2005 年甘肃省礼县西山遗址出土
甘肃省礼县甘肃秦文化博物馆藏

　　玉色骨黄，不甚通透。通体磨光。圆环形，内外缘陡立，贴棺的一面有两道宽1.1～1.3厘米的黑边红里宽带纹，黏附有席痕，另一面残留有朱砂彩绘痕迹。

玉戈

西周晚期
通长 21.9 厘米、援宽 6.4 厘米、厚 0.5 厘米
2005 年甘肃省礼县西山遗址出土
甘肃省礼县甘肃秦文化博物馆藏

　　玉色黄白，部分沁绿。圭首、弧刃、中部起脊、宽阑、直内，内中有一小孔，末端微弧。阑面有三组两周平行刻划纹将两边的方形缺口隔断，内末端亦有两个方形缺口。戈两面均有朱砂彩绘痕，贴棺一面黏附有席痕。

陶鬲

西周晚期
口径 15.3 厘米、高 12.3 厘米
2005 年甘肃省礼县西山遗址出土
甘肃省礼县甘肃秦文化博物馆藏

　　仿铜鬲。夹砂灰黑陶，侈口，折沿，尖圆唇、束颈、沿外侧及颈部绳纹被抹去，肩部微鼓，联裆下接三锥状足。腹两侧各饰一扉棱。上腹置圆形泥饼状饰。身饰绳纹，器身布满烟炱。

（3）襄公立国，西垂有声

秦襄公因护送周平王东迁有功而被封为诸侯，由此成为周之封国，开启了饮马于河、定鼎天下这一波澜壮阔历史的序幕。

大堡子山遗址位于甘肃礼县县城以东13千米处的西汉水北岸台地上，居高临下，俯视西汉水河川。2006年勘探发现一座面积达50万平方米的长方形城址。城址内部居中是两座秦公大墓和附属车马坑，大墓附近还有多处夯土建筑基址；西南是经过发掘的21号府库类建筑基址，建筑面积约1700平方米；东北角是中小型墓葬区，约400座小型墓葬，分布跨越城墙内外。2006年发掘在大墓南侧发现了乐器祭祀坑，出土"秦子"镈钟一套，入选当年十大考古新发现。城址、秦公大墓、建筑基址和祭祀坑均属于春秋早期，与秦立国的时代大致相当。

◎ 大堡子山遗址全景图

◎ 大堡子山遗址 21 号建筑全景

◎ 大堡子山遗址乐器坑

秦子镈

春秋早期·秦
舞长径 29.4 厘米、短径 23.7 厘米、铣距 37.2 厘米、鼓间距 31.3 厘米、体高 48.5 厘米、通高 66 厘米
2006 年甘肃省礼县大堡子山遗址出土
甘肃省礼县甘肃秦文化博物馆藏

出土于乐器坑中，共三件，形制相同，大小有别。分范合铸。镈身中部微鼓，舞部椭圆，正中一圆孔，鼓部平齐，四侧有扉棱，将镈身分为四区。侧旁两扉棱各由七条镂空龙纹蟠曲至舞面，上延舞部，

对接成桥形钮，钮上勾连 "S" 形六棱钩环，前后两扉棱由四条镂空飞龙蟠曲至舞面。舞面饰四组双龙缠绕纹，龙目圆凸。镈身上下各有一条由阴线蝉纹、卷云纹和凸菱形纹相间组成的条带纹，条带纹之间，镈钟的主体装饰为两周浮雕形式的卷云龙纹，每周各有八组，龙纹上大下小。龙身表面饰阴线纹。舞部下侧局部残留布纹。钟体内有均匀分布的泥撑芯痕迹。鼓部有铭文26字："秦子作宝龢/钟以其三镈/厥音肃肃雍雍秦/子畯令在位/眉寿万年无/疆"。目前所见带有 "秦子" 铭文的铜器，时代多属春秋早期。学术界对秦子身份的认识有较多分歧。随着大堡子山遗址秦子镈、钟的出土，学术界逐渐将 "秦子" 身份的范围缩小至秦文公的太子静公或秦宪公之子出子。

释文：

秦子乍（作）寶鈢

鐘以其三鎛

厥音鏽（肅）鏽灘（雍）灘秦

子畯綸（令）在立（位）

眉壽萬年無

疆

青铜虎

春秋早期·秦
长 22.6 厘米、宽 8 厘米、高 11.1 厘米
2006 年甘肃省礼县大堡子山遗址出土
甘肃省礼县甘肃秦文化博物馆藏

出土于镈旁。立耳、凸目、方吻，顾首向后、尾上卷，做匍匐状，饰阴线卷云纹。涂朱砂。大堡子山遗址乐器坑中共出土铜虎三件，此件铜虎出土于镈旁，另外两件，出土时一件置于镈舞部、一件位于甬钟之间。有学者认为这三件铜虎应与三件镈相配，是用于"止乐"的乐器。

青铜甬钟

春秋早期·秦
舞长径 14.41 厘米、短径 20.8 厘米、铣距 33.2 厘米、
鼓间距 22.1 厘米、体高 39.9 厘米、甬高 14.41 厘米、
通高 53.71 厘米、钟钩长 14.1 厘米
2006 年甘肃省礼县大堡子山遗址出土
甘肃省礼县甘肃秦文化博物馆藏

出土于乐器坑中，共八件，形制相同、大小有别。旋部纹饰可分为四个单元，皆饰阴线兽目交连纹；舞部纹饰可分为四个单元，皆饰阴线卷云纹；钲部左右的篆部各分五区，一、三、五区各有三枚，二、四区饰阳线三角夔纹；正鼓部为左右对称的阴线顾首夔龙纹，鼓部右侧饰鸟纹。西周晚期开始，编钟八件一套，是普遍的规制。大堡子山遗址乐器坑中出土的春秋早期秦国高等级乐器组合中，甬钟也为八件一组，且音阶与周钟相同，由此可以看出，春秋时期，秦人遵从周系礼乐制度。

（4）世卿治县，秦戎杂居

《史记·秦本纪》记载，秦武公十年（公元前 688 年）伐邽、冀戎，初县之。表明春秋时期，秦已设县治理地方，但此时之县与后世郡县之县有所不同，其非由中央任命的官吏管辖，而是由世袭的贵族管理，但仍可视为县制之萌芽。

甘肃省天水市甘谷毛家坪遗址位于渭河南岸，总面积约 60 万平方米。遗址出土陶器可分为两种类型，分别为秦文化、西戎文化遗存。秦文化遗存自西周晚期延续至战国，西戎文化遗存自春秋晚期延续至战国。两类遗存共存于同一遗址当中，表明从春秋晚期开始，随着秦国的扩张，秦国接受西戎人群在其控制范围内定居。据文献记载，春秋早期，秦始设县，名冀县，地在今礼县。检视毛家坪遗址之地望、等级，皆与冀县相合。果如是，其很可能就是春秋早期秦武公所设的冀县。

青铜鼎

春秋中期·秦
口径 14.5 厘米、通高 10.8 厘米
2014—2017 年甘肃省甘谷县毛家坪遗址出土
甘肃省文物考古研究所藏

敛口，窄平沿，方唇，口沿上一对立耳外撇，鼓腹较浅，圆底，三蹄足。耳上饰窃曲纹，上腹饰蟠虺纹和波曲纹。两种纹饰被纵向范线对半分隔开来，蹄足中部有一周凸棱，足根开裂处可见泥范芯。

青铜鼎

春秋中期·秦
口径 14.5 厘米、通高 11.4 厘米
2014—2017 年甘肃省甘谷县毛家坪遗址出土
甘肃省文物考古研究所藏

敛口，平折沿，方唇，口沿上一对立耳外撇，鼓腹较浅，圜底，三蹄足。耳上饰窃曲纹，上腹饰蟠虺纹和波曲纹。两种纹饰被纵向范线对半分隔开来，蹄足中部有凸棱一周。

青铜鼎

春秋中期·秦
口径 14.5 厘米、通高 11.4 厘米
2014—2017 年甘肃省甘谷县毛家坪遗址出土
甘肃省文物考古研究所藏

敛口，平折沿，方唇，口沿上一对立耳外撇，鼓腹较浅，圜底，三蹄足。耳上饰窃曲纹，上腹饰波曲纹和蟠虺纹。两种纹饰被纵向范线对半分隔开来，蹄足中部有凸棱一周。

陶铲足鬲

战国早期
口径 16.2 厘米、高 19.4 厘米
2014—2017 年甘肃省甘谷县毛家坪遗址出土
甘肃省文物考古研究所藏

　　夹砂褐陶，体近方，口近直，唇部压印锯齿状
花边，矮领，领腹间以双耳相连，鼓腹，分裆，袋
足，小柱足根，器身有烟炱痕迹。

陶鬲

西周晚期
口径 28 厘米、高 28.3 厘米
2014—2017 年甘肃省甘谷县毛家坪遗址出土
甘肃省文物考古研究所藏

　　夹砂灰陶，侈口、折平沿、尖圆唇、束颈、颈部
绳纹被抹去、弧腹、联裆、锥足、通体饰交错绳纹。

子车铜戈

春秋·秦穆公
通长 19.7 厘米、援长 11.5 厘米、阑长 11.3 厘米、内长 9 厘米、宽 3.3 厘米
2014—2017 年甘肃省甘谷县毛家坪遗址出土
甘肃省文物考古研究所藏

　　三角锋，直援，长胡，阑置三穿，长方形直内中置一长穿。胡部有铭文两行十四字："秦公乍（作）子车用厰（严）钺武龗（灵）戮畏不廷"。"子车"应是春秋时期秦国的子车氏。文献记载子车奄息、仲行、针虎是秦穆公身边的近臣，君臣间有同生共死承诺，穆公死后，三人均自愿从死。秦人作《黄鸟》诗纪念三人。铭文中"子车"应该就是子车氏家族的成员，被派驻到地方担任军政长官；"秦公"应是秦穆公，春秋五霸之一。此戈是目前考古发现的唯一一件秦穆公作器。

3. 西戎遗珍

春秋中期以后，秦穆公霸西戎。恰在这一时期，长期与周、秦文化对峙的寺洼文化走向衰落，退出历史舞台。自北方草原南下的另一支戎人占据陇山东西两侧。其物质遗存兼有北方草原、秦文化等多种因素。甘肃张家川马家塬墓地为其典型代表。

马家塬墓地位于甘肃省张家川县西北木河乡桃园村三队北部的马家塬上，总面积约 3 万平方米，共发现墓葬 66 座。中心主墓 1 座，为东西向甲字形大墓，其余为中小型偏洞室贵族墓。该墓地一经发现，就以其奢华的葬俗震惊世人。2006 年首次发掘即入选当年全国十大考古新发现。

马家塬墓地出土遗物包含有多种文化因素，其中主墓的形制以及青铜容器的风格受中原礼制和秦文化影响。墓葬中普遍殉牲，多随葬武器、马具，使用精美的金银制品，装饰造型以各种形象的动物纹为主，显然是受到欧亚草原文化传统的影响。金银器中的掐丝、镶嵌等工艺则可能源自地中海东岸。金银铁饰件上的忍冬纹、变体鸟纹、动物相斗纹等与俄罗斯阿尔泰地区的巴泽雷克墓地有密切关系。蜻蜓眼可能是西方的舶来品。洞室墓与铲足鬲、单耳罐则是毛家坪"B 组遗存"的风格，这类遗存广泛分布于甘肃东部、宁夏南部、关中、陕北和内蒙古中南部地区。这些多元文化在马家塬汇聚、融合后，形成东周时期西戎文化的独特面貌。

青铜戈

战国晚期
通长 19.5 厘米、阑长 11 厘米、内长 7 厘米、内宽 3 厘米、厚 0.4 厘米
2006—2014 年甘肃省张家川县马家塬遗址出土
甘肃省文物考古研究所藏

援部狭长，中起脊，两边出刃，长胡，三穿。内为长方形，中部有一长穿。

错金银铁车軎

战国晚期

軎：口外径 9.2 厘米、通长 9.1 厘米

辖：长 9.8 厘米、宽 1.5 厘米

2006—2014 年甘肃省张家川县马家塬遗址出土

甘肃省文物考古研究所藏

軎口起薄台呈喇叭状，有对穿条形辖孔。后段管状、饰凸宽带格栏一周，上贴金箔。其余部位在金银箔上镂刻忍冬纹。马家塬遗址出土错金银铁器的制作流程大致为：先经锻打制成器物的主体，然后根据需要装饰的图案，在铁器表面凿刻凹槽，再将金银片覆盖在铁器表面上并压平，后使用工具沿铁器上凹槽压划金银片，使金银片与铁器结合更加紧密，之后沿凹槽并在其外侧用刀具将多余的金银片切断，或錾刻出锯齿状空洞后连续撕裁以去掉多余金银片，最后修整成型。

鎏金铁轭首饰

战国晚期
直径 2.5 厘米、高 7.5 厘米
2006—2014 年甘肃省张家川县马家塬遗址出土
甘肃省文物考古研究所藏

以铁片锻打卷曲成圆筒状，以金箔片饰变体鸟纹两周，中间饰窄带金格栏一周。

鎏金铁马镳、铁马衔

战国晚期
马镳：长 25.3 厘米、宽 5 厘米
马衔：长 21 厘米、环径 3.2～3.5 厘米
2006—2014 年甘肃省张家川县马家塬遗址出土
甘肃省文物考古研究所藏

马镳呈双鸟首形。两端金银箔上镂刻出巨喙鸟头。衔为双节双环。

银杯套

战国晚期
上口径 6.6 厘米、下口径 6.2 厘米、高 8.4 厘米，
重 64.9 克
2006—2014 年甘肃省张家川县马家塬遗址出土
甘肃省文物考古研究所藏

　　单把。以长方形银片卷成筒形，结合处压
金条两道，并以细金条缝合。无底。

鎏金铁车饰

战国晚期
长 10 厘米、宽 7 厘米
2006—2014 年甘肃省张家川县马家塬遗址出土
甘肃省文物考古研究所藏

　　呈曲尺形。装饰于车后门木质棂格立面。上饰
金银相对的三角形忍冬纹，纵向金银箔上錾刻细线
卷云纹。

虎形金饰

战国晚期
长 7.6 厘米、高 5 厘米，重 3 克
2006—2014 年甘肃省张家川县马家塬遗址出土
甘肃省文物考古研究所藏

　　以薄金片剪切成型。虎四足着地，呈行走状，张口。鬣毛末梢卷曲呈弯钩状，尾上卷于背部，末梢亦呈弯钩状，与前者相背。肢体上錾刻有流畅的曲线。

兽形银箔饰

战国晚期
长 7.7 厘米、高 6 厘米，重 1.81 克
2006—2014 年甘肃省张家川县马家塬遗址出土
甘肃省文物考古研究所藏

　　以薄银片剪切成型。形似犬，昂首，口大张，
露锯齿状獠牙，眼镂空，呈杏核形，耳向后卷曲，
与向前翻卷的尾相接。四足前后交错呈行走状。吻
部錾刻短线形胡须，耳面錾刻圆点，足部錾刻斜线
利爪，躯干錾刻曲线。前下角有一孔。

金银耳环

战国晚期

金环：环径 2.6 厘米、断面直径 0.34 厘米，重 10.1 克

银环：环径 2.8 厘米、断面直径 0.42～0.44 厘米，重 11.6 克

2006—2014 年甘肃省张家川县马家塬遗址出土

甘肃省文物考古研究所藏

　　金环，由粗圆金条两端对接成圆环形。

　　银环，由粗圆银条对接成圆环形，接缝紧密，表面镀金，纹如丝带缠绕。

绿松石金耳坠

战国晚期
通长 4.7 厘米、环径 2 厘米、金环断面直径 0.2 厘米，单件重 6.88 克
2006—2014 年甘肃省张家川县马家塬遗址出土
甘肃省文物考古研究所藏

由三部分组成。第一部分为最上端的金圆环；第二部分由一小绿松石珠、两个半球形肉红石髓珠、两片圆形金片和夹在其中的绿松石圆珠组成；第三部分为圆饼形金片，金片中部以"S"形金丝区隔成两部分，分别镶嵌肉红石髓和绿松石，形成类似太极图的图案，下端有一小环。耳环柄部、金片和圆饼形金片周缘焊接有小金珠。

金项饰

战国晚期
长径24厘米、短径16.8厘米、环带宽5.2～5.4厘米、
重145克
2006—2014年甘肃省张家川县马家塬遗址出土
甘肃省文物考古研究所藏

　　出土于墓主胸前。半环形，微卷边，两端各有二
穿孔。素面，正面经打磨抛光处理。

金带钩

战国晚期

长 20 厘米、宽 7.2 ~ 7.6 厘米，重 228 克

2006—2014 年甘肃省张家川县马家塬遗址出土

甘肃省文物考古研究所藏

钩首呈长颈龙首状，颈为三棱状，肩部三角形边框内镂空雕铸对称的狼形图案，狼呈倒立状，头向下、张口、竖耳、前腿前伸、躯干后部向上翻转，尾斜伸。钩体长方形，有长方形边框，边框内镂空雕铸正反对称的虎噬大角羊图案一组。虎侧身，头向左偏，眼圆睁，两耳直竖，嘴咬住羊脖颈，前右爪扼住羊前右足，前左爪和后右爪踩羊头，后左腿向后蹬，垂尾末梢翻卷。羊前右腿前伸，前左腿屈于腹下，后左腿向上翻转，后右腿后蹬，呈被扑倒后的挣扎状。边框以及动物的躯干上有三角纹、卷云纹等不同镂空图案，内镶嵌肉红石髓，填以朱砂。

虎噬羊纹金带饰

战国晚期
长 15.2 厘米、宽 8.1 厘米、重 30.46 克
2006—2014 年甘肃省张家川县马家塬遗址出土
甘肃省文物考古研究所藏

　　长方形，以薄金片锤揲、錾刻制成，为两组长边轴对称的虎噬羊纹图案。羊首对视，吻部相接，圆眼、柳叶耳、长须，花瓣状大角向后弯曲，躯体蜷缩。虎首前伸，圆目，张口咬噬羊腿，前足擒扣羊身，身躯交错缠绕，虎尾翻卷，后足立于两侧。虎、羊身躯多处镂空，镶嵌半透明肉红石髓。饰件两侧出半圆形耳。

金臂钏

战国晚期
长 9.5 厘米、直径 4.8 ～ 6.6 厘米
2006—2014 年甘肃省张家川县马家塬遗址出土
甘肃省文物考古研究所藏

　　出土于墓主人右臂附近。制作精良，工艺
复杂，由长方形金片锤揲出五道凸起的瓦棱纹
后卷成扁圆筒形。瓦棱纹两侧焊接由金丝编织
而成的麦穗纹，两组麦穗纹间焊饰十一朵金丝
圆蕊花瓣纹。臂钏对接边缘各为两道竖向麦穗
纹间六朵金丝圆蕊花瓣纹。花瓣纹内及间隔中
皆镶嵌有绿松石环绕费昂丝，但大部已脱落。

分体青铜甗（甑）

战国晚期
口径 28.5 厘米、底径 15.8 厘米、
高 16.5 厘米
2006—2014 年甘肃省张家川县马
家塬遗址出土
甘肃省文物考古研究所藏

　　侈口，折平沿，沿面较窄，斜
弧腹，高圈足。沿下有铺首一对，
腹上部饰弦纹一周。底部有条形箅
孔。器表残留有明显的范线。

分体青铜甗（铲足鬲）

战国晚期
口径 16 厘米、高 22.2 厘米
2006—2014 年甘肃省张家川县马
家塬遗址出土
甘肃省文物考古研究所藏

　　直口，方唇，直颈，高分裆，
袋足，扁足根近铲形。肩颈部半环
形耳一对。肩上部饰弦纹一周，腹
饰竖向及弧形线纹。袋足外侧有纵
向的范线，口部有补铸痕。

青铜匜

战国晚期
口径 12.8～13.7 厘米、流口宽 1.5～3 厘米、
流长 1 厘米、高 5 厘米
2006—2014 年甘肃省张家川县马家塬遗址出土
甘肃省文物考古研究所藏

　　器壁较薄、身略呈钵形、短流、平底。

青铜敦

战国晚期
口径 14.6 厘米、通高 21.4 厘米
2006—2014 年甘肃省张家川县马家塬
遗址出土
甘肃省文物考古研究所藏

整体略呈椭球形，上下器形和纹样相同，均有三鸟形钮和双鸟形耳。装饰纹样以两条三角卷云纹带区隔，上部饰卷云纹，中部为连续长方形卷云纹，下部为上下交错的三角纹，内填对称云纹。三角形纹饰一组以青铜为地，镶嵌红铜丝为纹；另一组以红铜丝盘嵌为地，以青铜为纹。上下以子母口扣合，子口外缘亦饰上下交错的三角纹，一组三角形内填对称复杂的阴刻弧线，另一组则以孔雀石镶嵌，突出青铜纹样。

青铜鼎

战国晚期
口径 14.6 厘米、通高 15.1 厘米
2006—2014 年甘肃省张家川县马家塬遗址出土
甘肃省文物考古研究所藏

鼎口微敛，器体扁圆，鼎口对称置一对圆角方形
附耳，深腹，圜底，三蹄形足。鼎盖圆隆，上附三个
环形钮。

蓝釉陶杯

战国晚期
口径 5.6～5.8 厘米、底径 3.8 厘米、高 10 厘米
2006—2014 年甘肃省张家川县马家塬遗址出土
甘肃省文物考古研究所藏

　　侈口，尖圆唇，斜直腹，假圈足外撇，小平底。
器壁内外均施以蓝色釉。器身中下部饰紫色眼纹四
周，足部饰紫色眼纹两周。

蜻蜓眼

————

战国晚期
直径 2.4 厘米、高 2.1～2.4 厘米
2006—2014 年甘肃省张家川县马家塬遗址出土
甘肃省文物考古研究所藏

　　胎为夹砂褐陶，质地疏松，表面抹光，共十一颗，皆为扁圆球形，中有穿孔。眼纹可分为两类，一类有九件，底色草绿，珠面上、中、下均匀分布十二个蜻蜓眼纹，每只眼纹由乳白色眼线、红褐色眼底、七个白色圆点及褐点构成，中部的眼纹间饰褐色圆点纹；另一类有两件，珠面均匀分布八个蜻蜓眼纹，乳白色底、红褐色眼线，眼周缠绕红褐色圆点构成的"S"形蛇纹。

第二组 | 遥 | 感 | 与 | 航 | 空 | 摄 | 影 | 考 | 古 |

2001 年 11 月 29 日，在中国科学院、教育部、国家文物局的领导下，中国科学院遥感应用研究所、华东师范大学和中国历史博物馆共同组建成立了中国科学院、教育部、国家文物局遥感考古联合实验室，先后在安徽、江苏、陕西、云南、内蒙古、浙江、河南、新疆以及河北等十余个省（自治区、直辖市）正式成立该实验室的遥感考古工作站，成为遥感技术在考古研究领域推广与横向合作的中坚力量。这种跨部门、跨行业的遥感考古联合实验室以国家需求为目标，通过与地方考古界及遥感机构网络式的广泛合作，推动了中国遥感考古事业的发展。中国国家博物馆在中国科学院、教育部、国家文物局遥感考古联合实验室的研究平台上先后承担了国家科技支撑计划"遥感技术在中华文明探源中的应用研究"以及"我国典型遗址的遥感与地球物理综合考古研究"等国家级研究课题，为我国遥感考古发展做出了卓越的贡献。

1. 河套风云

2002 年 10 月 11 日至 25 日，中国国家博物馆与内蒙古自治区文物考古研究所合作，在内蒙古和林格尔、托克托和陕西榆林靖边，使用蓝鹰－Ⅱ型超轻型飞机、单反及数码相机对盛乐城、云中城、大红城、小红城、玉林城遗址进行航空考古调查。

这是国内首次采用鸭式超轻型飞机进行的航空摄影考古调查。航摄任务由一名飞行员搭载一名摄影员完成，飞机进行了相应的改装，在机舱侧窗开摄影孔，由摄影员使用手持相机进行航摄，获取了数千张地面遗迹的彩色图像。

◎ "蓝鹰" 轻型飞机

◎ 航空考古调查统万城

◎ 航空考古调查榆林（玉林）城

◎ 包头及鄂尔多斯地区的航摄考古调查

◎ 工作人员在 Y-5 飞机上拍摄

　　2005 年 11 月，中国国家博物馆与内蒙古自治区文物考古研究所合作，在包头、鄂尔多斯、和林格尔、清水河等地，应用 Y-5 型飞机携带单反光学及数字相机、数字摄像机对秦直道、秦长城、麻池城、盛乐城、云中城、界壕等古遗址进行航摄。

　　飞行过程中，航摄人员与导航员、飞行员全力配合，在有限的航程中摄取大量的地面遗迹影像。

◎ 鄂尔多斯境内的秦直道

◎ 飞行过程中发现的遗迹

◎ 固阳境内的秦长城

2. 丰镐寻龙

2005 年 5 月至 2006 年 4 月，中国国家博物馆、陕西省考古研究所、中煤航测遥感局合作，使用 Y-12 型飞机对丰镐两京遗址、文献记载所谓西周王陵区进行高光谱遥感考古探测。判读出的诸多异常区域，为考古勘探划出了重点范围。

2005 年 6 月至 7 月，对不同的异常区进行了分期野外调查和分析，最终圈定 11 处异常区。陕西省考古研究所其后对其中 6 处面积较大的异常区域进行了钻探，确认其中均存在古代墓葬或其他遗迹。

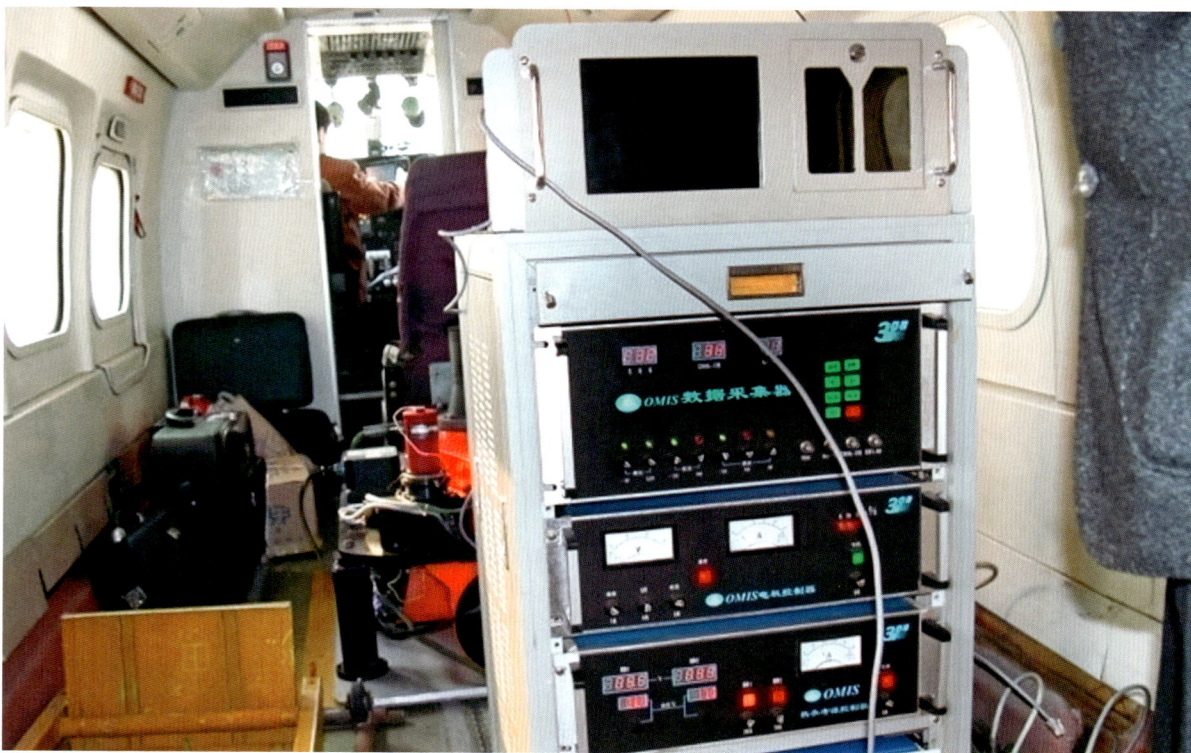

◎ 执行遥感考古飞行的 Y-12 型飞机和机载高光谱仪

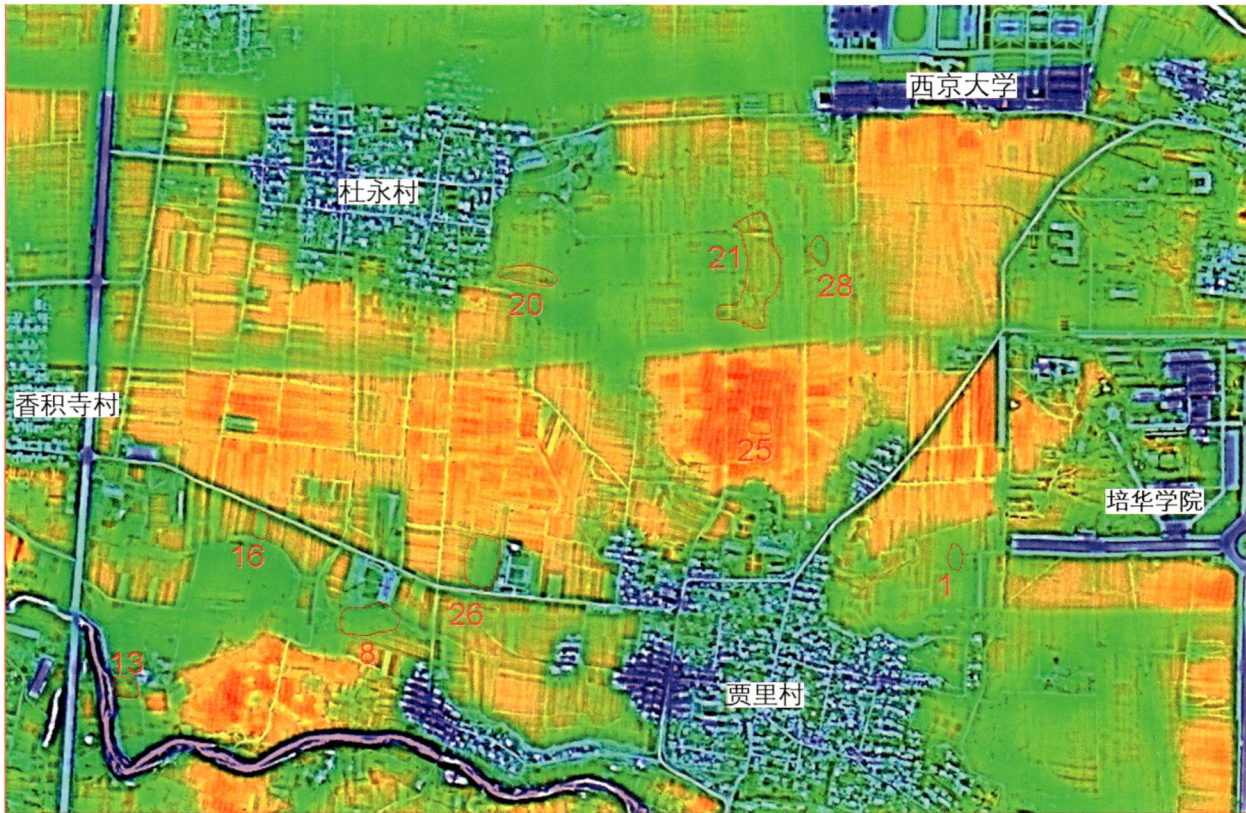

◎ 测区东部假彩色热红外夜航影像

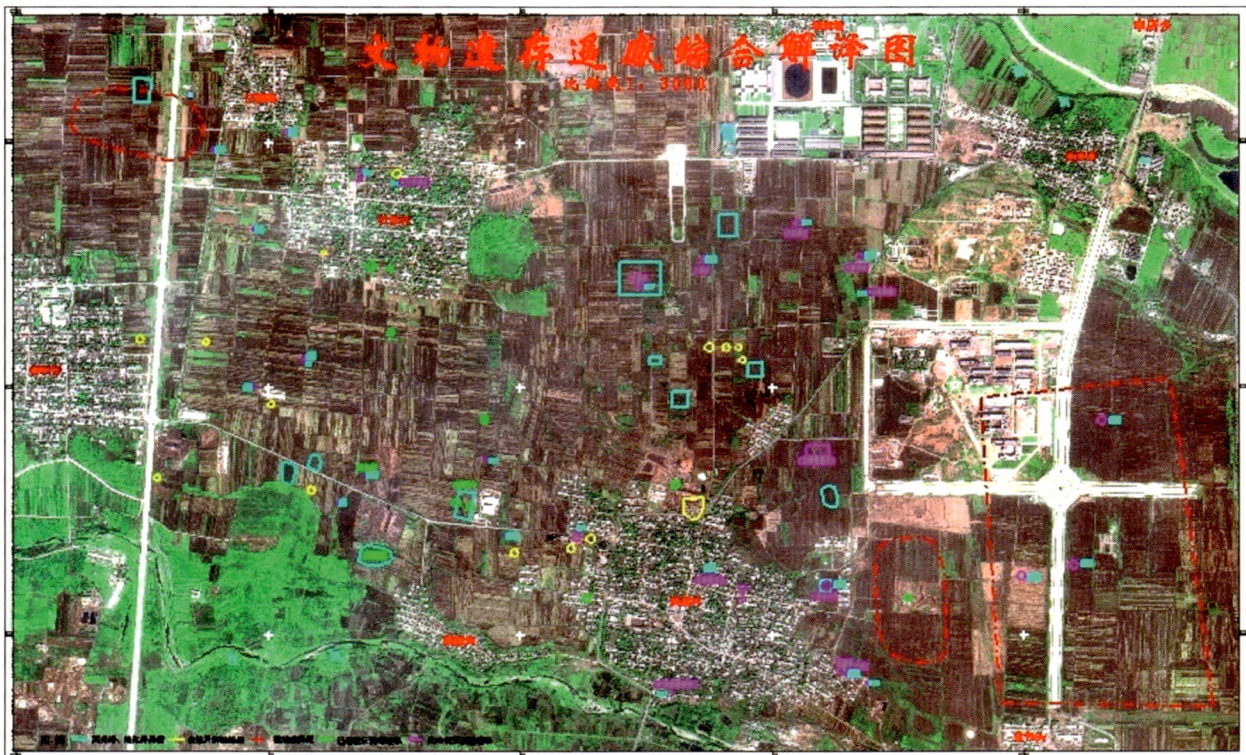

◎ "丰镐"地区高光谱遥感考古调查成果图

◎ 测区高光谱日航影像

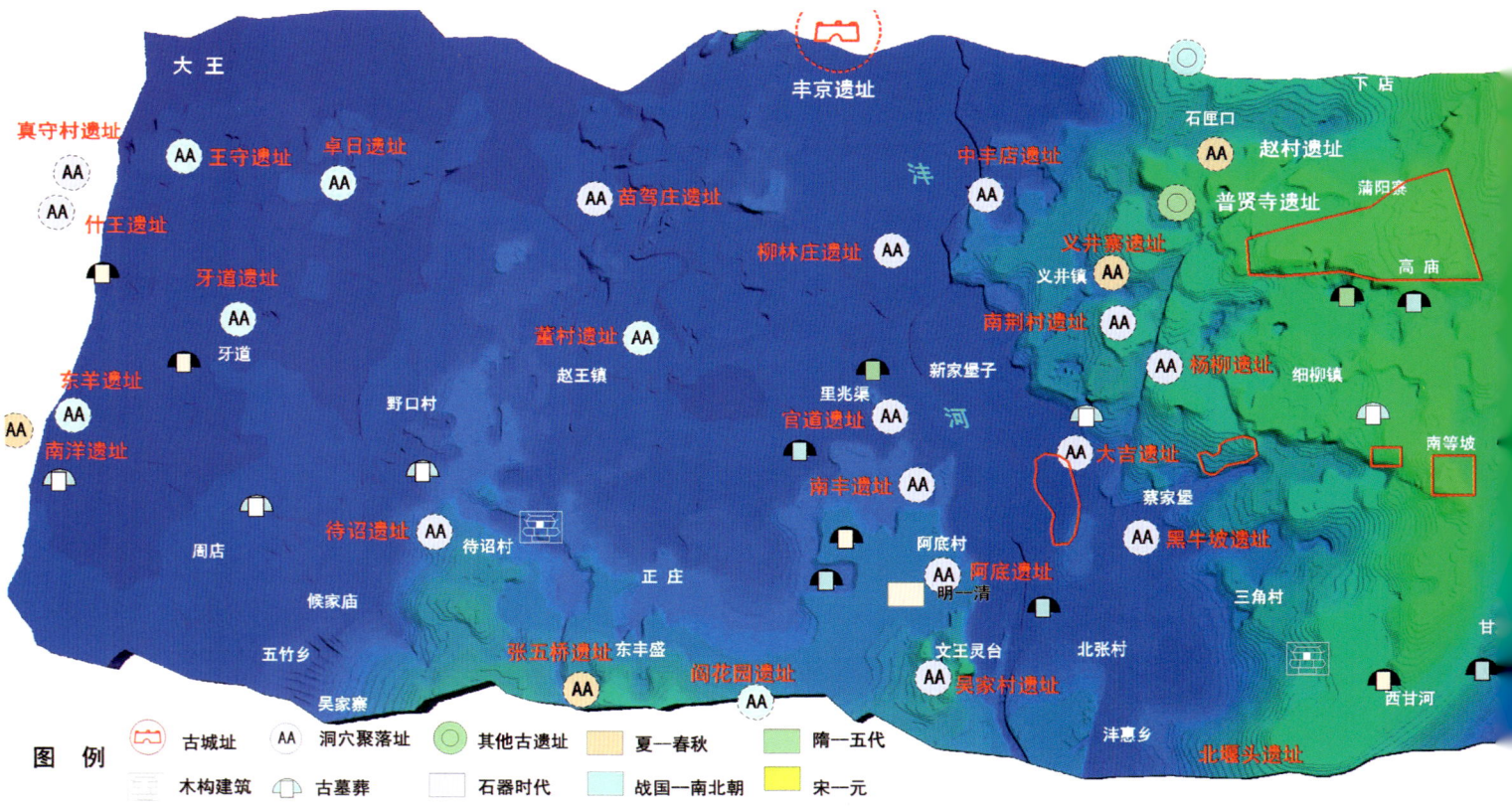

大王

真守村遗址

王守遗址　卓日遗址

什王遗址

牙道遗址

东羊遗址

南洋遗址

待诏遗址

丰京遗址

中丰店遗址

沣

苗驾庄遗址

柳林庄遗址

董村遗址

赵王镇

里兆渠

官道遗址

南丰遗址

阿底村

明一清

阿底遗址

张五桥遗址

东丰盛

阎花园遗址

文王灵台

吴家村遗址

石匣口

赵村遗址

蒲阳泉

普贤寺遗址

高庙

义井寨遗址

义井镇

南荆村遗址

细柳镇

杨柳遗址

新家堡子

河

大吉遗址

蔡家堡

黑牛坡遗址

三角村

北张村

南等坡

甘

西甘河

沣惠乡

北矬头遗址

野口村

牙道

周店

候家庙

五竹乡

吴家寨

正庄

下店

图　例

古城址　　　AA 洞穴聚落址　　　⊚ 其他古遗址　　　夏—春秋　　　隋—五代

木构建筑　　　古墓葬　　　石器时代　　　战国—南北朝　　　宋—元

◎ 测区文物遗存DEM景观分布图

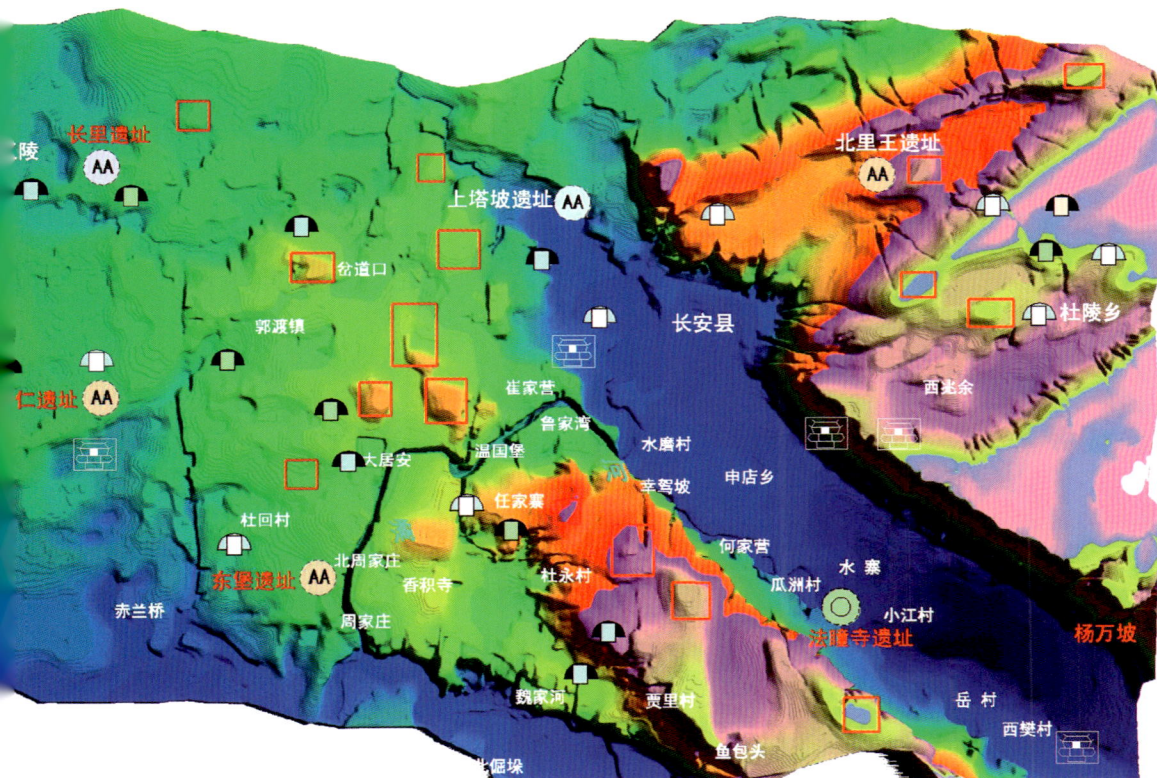

3. 西北长空

2006年4月，中国国家博物馆、内蒙古自治区文物考古研究所、中国测绘科学研究院中测新图（北京）遥感技术有限公司合作，在内蒙古自治区额济纳旗，使用LARS-1超轻型飞机低空数码遥感系统，对汉居延城、候关、烽燧、唐大同城、西夏黑城、元村落遗址及农业遗迹等进行航空拍摄。

这次航摄飞行是国内首次将GPS导航数字航摄技术应用于考古调查，除获得了居延遗址群、黑城等大型遗址的高分辨率正射数字影像外，还在航摄过程中新发现两处寺院遗址及多处水渠、稻田遗迹。每一处遗迹均分别执行了正射和斜射任务。该低空数码航摄系统可车载运抵航摄区域附近，对起降场地要求较低，具有灵活机动、安全性较高和飞行成本较低的特点，所获垂直航摄影像分辨率高，可清晰判读地面遗迹。

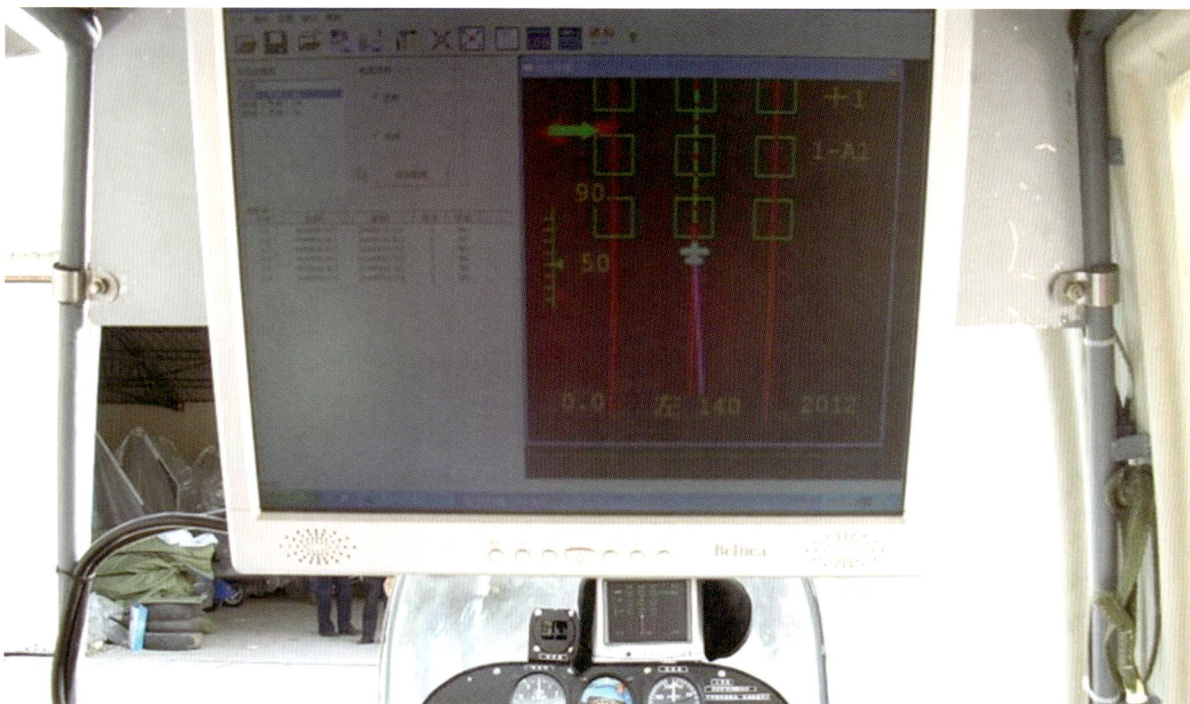

◎ MF11 型飞机和摄影控制界面

◎ 汉居延城正射影像

◎ 甲渠候官遗址正射影像

◎ 黑城正射影像

新疆特殊区域遥感考古调查

2009—2010 年，中国科学院遥感应用研究所、中国国家博物馆、新疆维吾尔自治区文物局利用遥感技术在全新疆进行大范围考古调查与遗址分析，成功预测大量古遗址，填补恶劣环境下地面调查的空白，弥补了地面调查的疏漏。

此次调查开展了新疆大部分地区以及广阔的沙漠与戈壁等无人区的遗址预测与分析，建立了新疆不同地理环境下的地面遗址疑似点遥感分析专题资料库，并且为深入的研究提供了大量的基础数据与成功的经验模式。

◎ 遥感考古调查发现的古城遗址

◎ 遥感考古调查发现的墓群

◎ 遥感考古调查坎儿井分布

第三组 | 水 | 下 | 考 | 古 |

2003—2012 年，中国国家博物馆水下考古研究中心与多家单位合作，发掘了南海 I 号宋代沉船、福建平潭碗礁一号清代沉船、福建平潭大练岛元代沉船、西沙群岛华光礁一号宋代沉船等遗址。

1. 南海掇菁

　　南海Ⅰ号宋代沉船遗址的发掘，是我国第一次在较大水深开展的考古发掘项目。沉船遗址位于广东省阳江市上下川岛附近海域，水深24米左右。1989年11月，中国历史博物馆与日本"水中考古学研究所"合作，对遗址进行了首次水下调查，大致确定了沉船位置，并将该遗址定名为"南海Ⅰ号"沉船遗址。2001年，调查工作重启；2002年至2004年，中国国家博物馆水下考古研究中心先后组织了七次水下调查和局部试掘。

　　经初步研究，南海Ⅰ号沉船是一艘沉没于海上丝绸之路南海航线上的南宋商船。上述多次调查和试掘工作确定了沉船遗址的精确位置、分布范围及沉船性质和年代，为南海Ⅰ号的顺利打捞、制定后期发掘方案奠定了坚实的科学基础。2007年，广东打捞局、广东省文物考古研究所实施整体打捞方案，南海Ⅰ号沉船被整体打捞出水，并入驻广东阳江海上丝绸之路博物馆。南海Ⅰ号沉船保存状态好、出水文物精美、类别丰富，对于研究海上丝绸之路的历史，乃至中国航海史、海外交通史等领域都具有十分重要的科学价值。

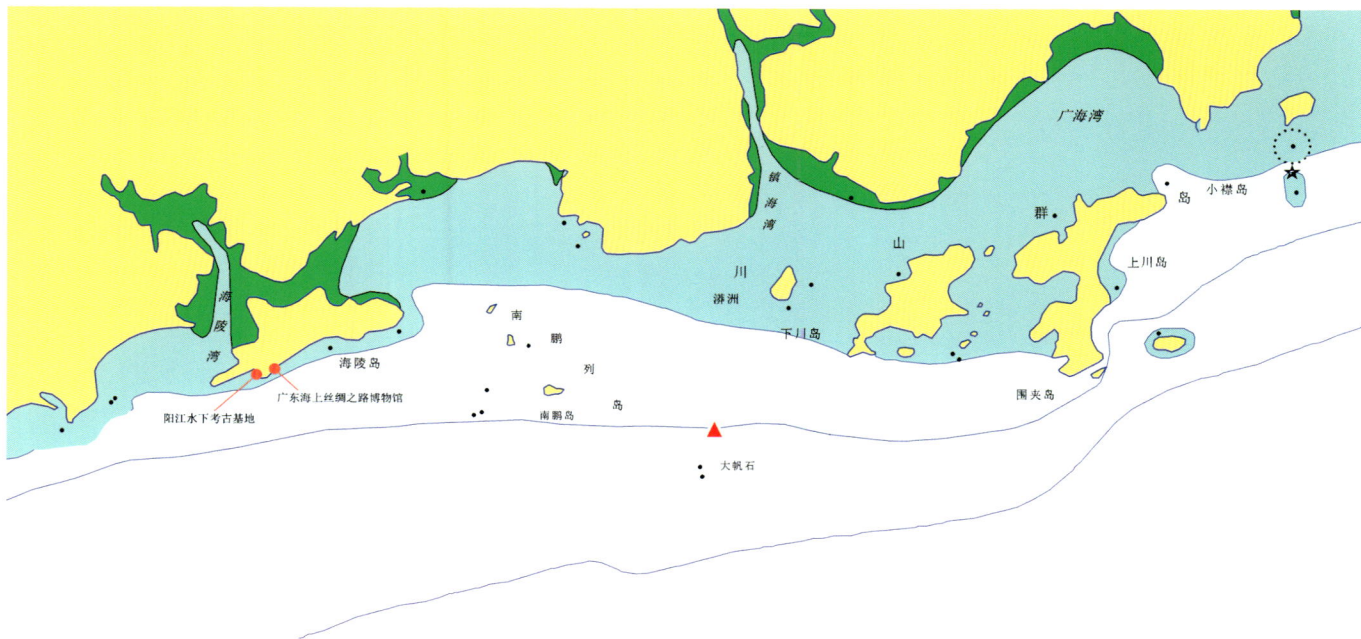

◎ 南海Ⅰ号沉船遗址位置图

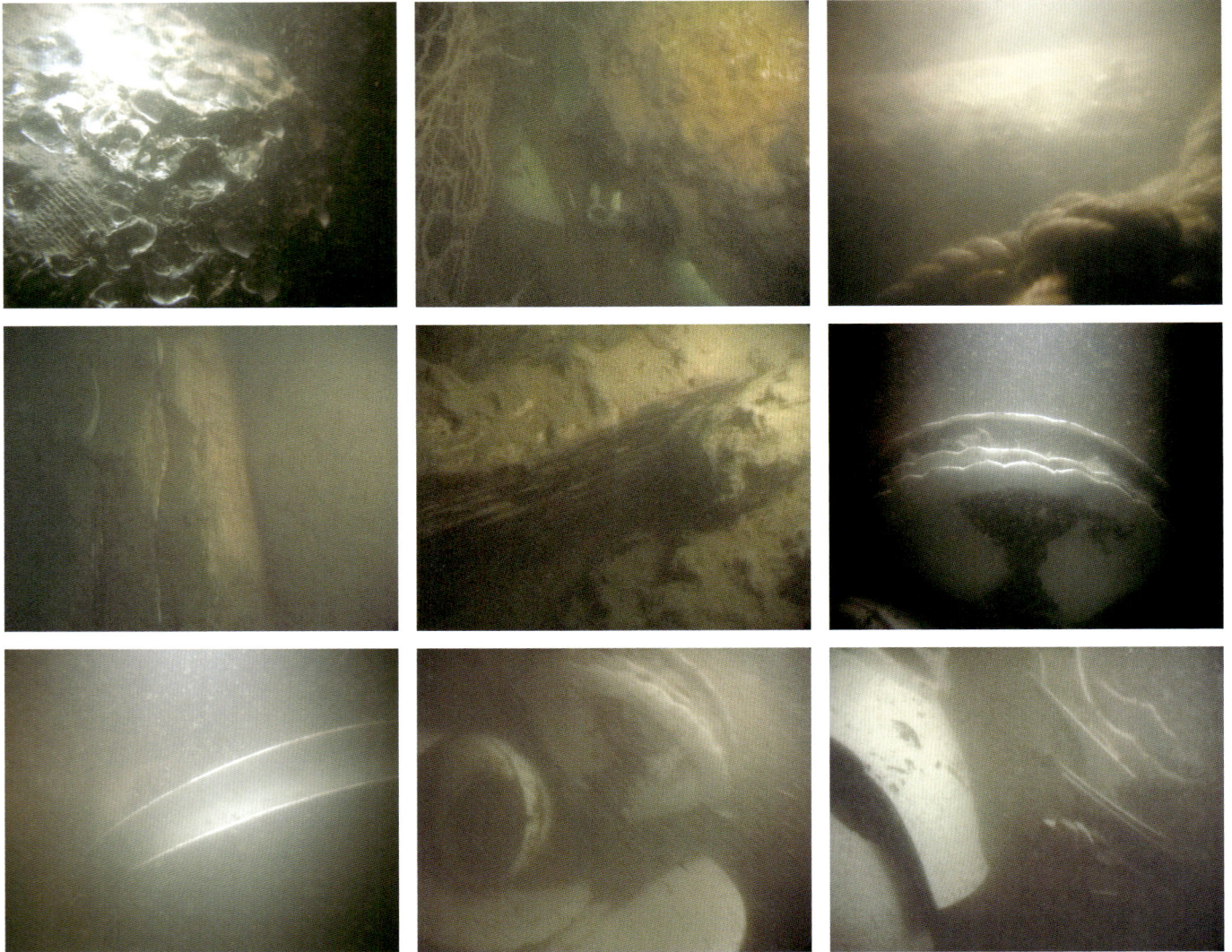

◎ 南海Ⅰ号沉船遗址水下堆积

◎ 试掘南海Ⅰ号沉船遗址出水遗物

　　南海Ⅰ号沉船船体长约23.8米、宽约9.6米、型深约3米。2001—2004年，出水遗物共计4700余件，以瓷器为大宗，有景德镇窑青白瓷、龙泉窑青瓷、德化窑白瓷、闽清义窑青白瓷和青瓷、东张窑黑釉瓷及磁灶窑黑瓷、酱釉瓷和绿釉瓷等，还有漆器残片、朱砂、金环、金戒指、银锭、铜钱、铜环、铜碗、铁器凝结物、船板、果壳果核、动物骨骼等。

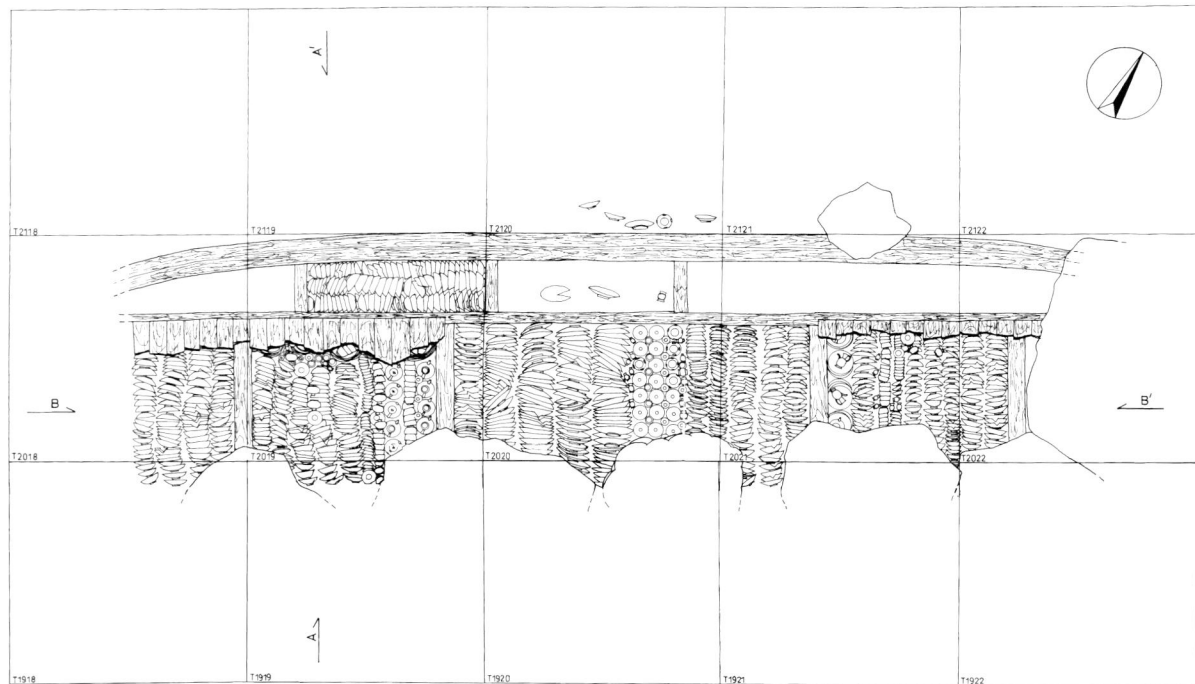

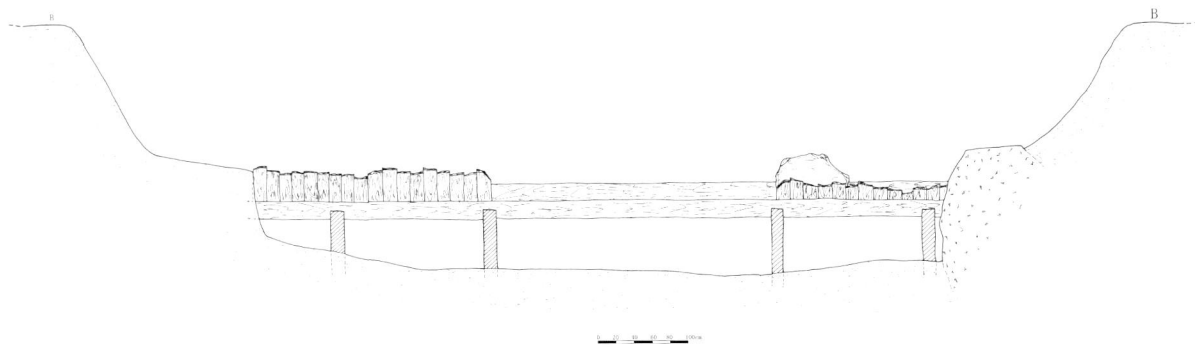

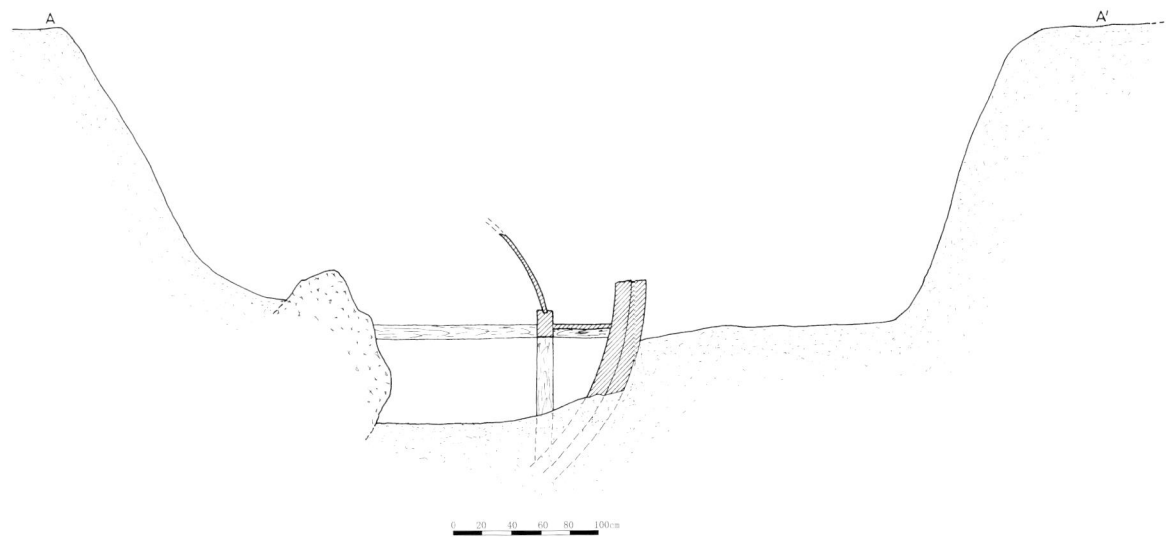

◎ 南海Ⅰ号沉船 2002 年试掘平、剖面图

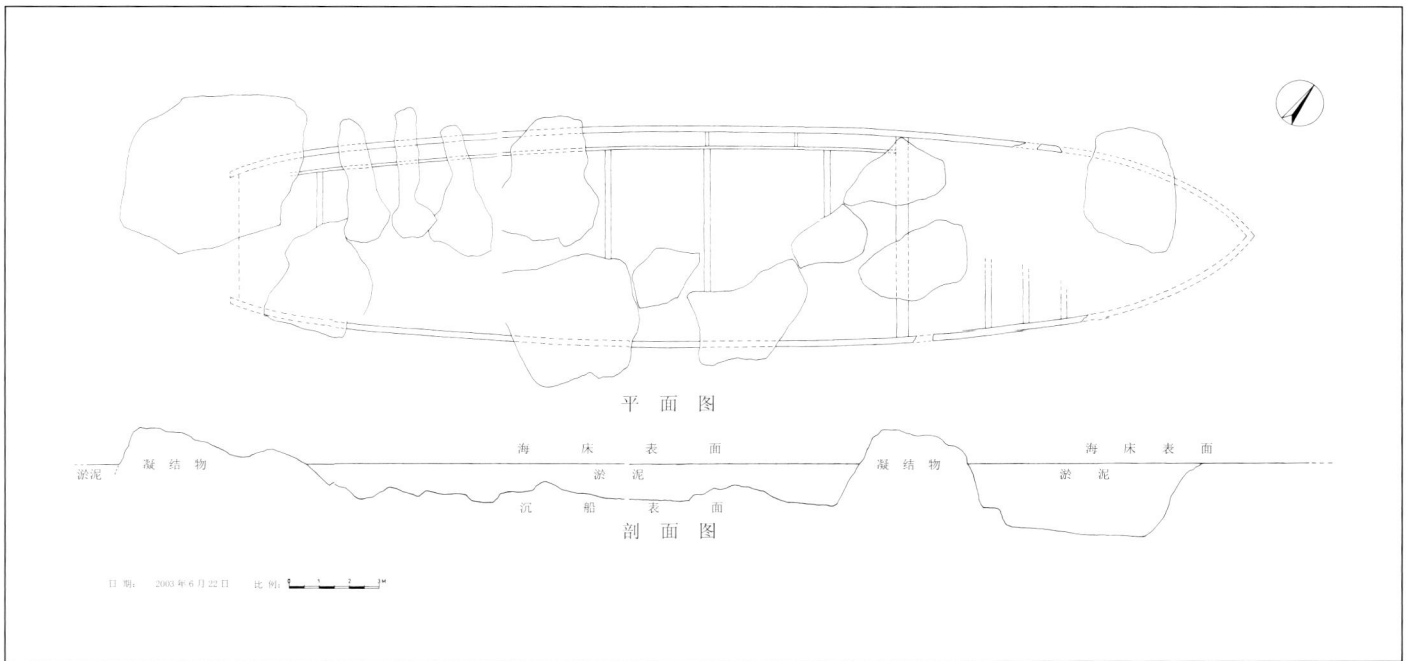

平　面　图

剖　面　图

淤泥　凝结物　海　床　表　面　淤　泥　凝结物　海　床　表　面　沉　船　表　面

日　期：2003 年 6 月 22 日　比　例：

◎ 南海Ⅰ号沉船 2003 年试掘平、剖面图

龙泉窑青釉菊瓣纹瓷盘

南宋（公元 1127—1279 年）
口径 18.6 厘米、高 4.2 厘米、足径 5.4 厘米
广东省阳江市南海 I 号沉船出水
中国国家博物馆藏

　　南海 I 号沉船出水的龙泉窑青瓷以碗为最多，另有少量青瓷盏、盘、碟、钵。这件龙泉青瓷盘釉色不均，釉面光洁莹润。内外各有两层菊瓣纹，刻纹清晰，立体感强。

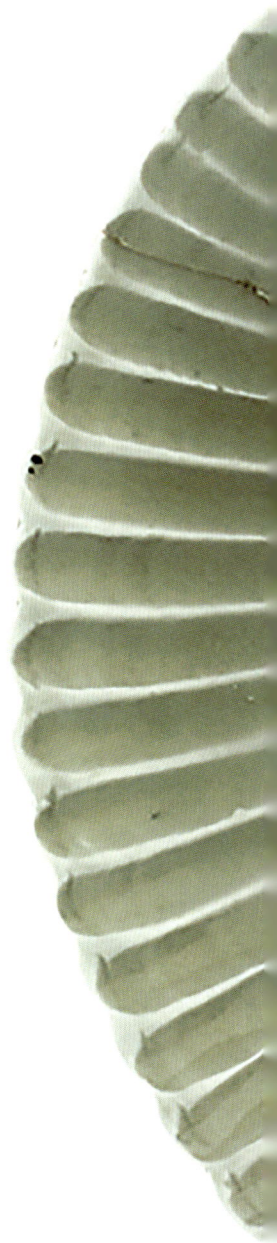

龙泉窑青釉敛口瓷钵

南宋（公元 1127—1279 年）
口径 12.2 厘米、高 5.8 厘米、足径 4.1 厘米
广东省阳江市南海 I 号沉船出水
中国国家博物馆藏

外腹部刻仰莲瓣纹，再于其中填以篦划纹。器身釉面光洁莹润，平底无釉。

德化窑青白釉瓷执壶

南宋（公元 1127—1279 年）
口径 7.4 厘米、高 21.2 厘米、足径 6.9 厘米
广东省阳江市南海 I 号沉船出水
中国国家博物馆藏

　　釉色部分泛灰，纹片处多沁成灰黑色。肩部模印
两层覆莲纹，腹部上下均模印窄菊瓣纹，腹底端印一
周仰莲纹。柄外侧随形就势刻有三道纹。外底心有墨
书题记"吴口"。

德化窑青白釉双系瓷罐

南宋（公元 1127—1279 年）
口径 2.2 厘米、高 8.1 厘米、底径 3.5 厘米
广东省阳江市南海Ⅰ号沉船出水
中国国家博物馆藏

此类双系小罐在南海Ⅰ号沉船中出水数量较多，腹中部均有明显的胎接痕迹，为上、下分别模制，再粘接而成。部分小罐外底有墨书题记。此件器物胎体轻薄，胎质细腻洁白，釉色泛青，莹润光亮。肩部印卷草纹，其上为一周细小的连珠纹，腹部上、下凸弦纹之间模印两组缠枝纹，每组均为两枝蔓纹，纹饰清晰，是德化窑青白瓷的精品之作。意大利威尼斯的圣马可教堂藏有与这件文物十分相似的四系小罐，据传为马可波罗从中国带回，因此这类德化窑青白釉印花小罐又常被称为"马可波罗罐"。

德化窑青白釉四系广口瓷罐

南宋（公元 1127—1279 年）
口径 3.1 厘米、高 8 厘米、底径 4.9 厘米
广东省阳江市南海 I 号沉船出水
中国国家博物馆藏

　　肩部四小系，腹部上、下均模印一周卷草纹，每组均为两枝蔓纹。外底心有墨书题记"囗"，字迹清晰。罐内盛有八个小罐盖，管状盖钮，盖面模印一周莲瓣纹。

德化窑青白釉葫芦瓷瓶

南宋（公元 1127—1279 年）
口径 1.3 厘米、高 8.9 厘米、足径 3.8 厘米
广东省阳江市南海 I 号沉船出水
中国国家博物馆藏

　　亚腰葫芦形瓶，瓶身由上至下分四段模制，再粘
接而成。

德化窑青白釉长颈瓷瓶

南宋（公元 1127—1279 年）
口径 5 厘米、高 9.9 厘米、足径 5.3 厘米
广东省阳江市南海 I 号沉船出水
中国国家博物馆藏

　　德化窑青白瓷。此类长颈瓶在南海 I 号沉船中出
水数量较多，分大小两种。口颈部、上腹部、下腹部、
足部四段分别模制，再粘接而成。外壁腹上部、下部均
模印一周双层仰莲瓣纹，莲瓣内填以细蓖纹，足外侧印
一周覆莲纹。

景德镇窑青白釉叶脉纹花口瓷盏

南宋（公元 1127—1279 年）
口径 10.7 厘米、高 5.6 厘米、足径 4.2 厘米
广东省阳江市南海 I 号沉船出水
中国国家博物馆藏

胎白细腻，胎体轻薄，釉色淡青莹润。芒口呈葵花状，内底心一圈凸弦纹，内壁口沿下至凸弦纹之间模印八条叶脉纹，是景德镇窑青白瓷的精品之作。此类盏与青白釉叶脉纹花口盘搭配使用。

景德镇窑青白釉印花花口瓷盘

南宋（公元 1127—1279 年）
口径 17.2 厘米，足径 4.8 厘米，高 3.5 厘米
广东省阳江市南海 I 号沉船出水
中国国家博物馆藏

　　花口，折沿，浅曲腹，内底有一圆形凸起，矮圈足。白胎细腻，青白釉釉色泛白，釉面玻璃感较强。口沿处印一周卷草纹，内底模印莲纹。

景德镇窑青白釉印花花口瓷盘

南宋（公元 1127—1279 年）
口径 17.9 厘米、高 3.8 厘米、足径 4.9 厘米
广东省阳江市南海Ⅰ号沉船出水
中国国家博物馆藏

　　花口，折沿，浅弧腹，圈足较矮。口部宽沿印卷草纹花边，口沿内外压印呈葵花状，内底心印一朵折枝花卉纹。

景德镇窑青白釉刻划花卉纹浅腹瓷碗

南宋（公元 1127—1279 年）
口径 20 厘米、高 5.5 厘米、足径 5.8 厘米
广东省阳江市南海 I 号沉船出水
中国国家博物馆藏

　　敞口，浅弧腹，挖足较浅。白胎较薄，胎质细腻，
通体施青白釉，底心无釉。釉色淡雅，釉面光洁莹润，
内壁刻划缠枝花卉纹，纹饰浑然一体，刻划流畅娴熟。

龙泉窑青釉刻划莲纹瓷碗

南宋（公元 1127—1279 年）
口径 16.4 厘米、高 6.9 厘米、足径 5.5 厘米
广东省阳江市南海 I 号沉船出水
中国国家博物馆藏

　　青瓷。通体施青釉，釉色泛淡青，釉面光洁莹润，开冰裂纹片。内壁刻两朵折枝莲花纹，布局疏朗，刻划流畅。

德化窑青白釉瓷盖碗

南宋（公元1127—1279年）
口径12.6厘米、盖沿径13.2厘米、通高11.5厘米、
足径6.5厘米
广东省阳江市南海Ⅰ号沉船出水
中国国家博物馆藏

　　盖、碗成套。碗直口，深弧腹，圈足较高。盖面隆起，上装管状钮。胎白较细密，碗内外、盖面施青白釉，釉色泛白，釉面光亮。碗外壁、盖面均饰以斜向交叉的篦划纹，外底心有墨书题记"囗"。

景德镇窑青白釉菊瓣纹花口瓷碗

南宋（公元 1127—1279 年）

口径 12.4 厘米、足径 3.8 厘米、高 4.8 厘米

广东省阳江市南海 I 号沉船出水

中国国家博物馆藏

菊瓣状花口、斜曲腹，内底心模印花卉纹。

铜钱

南宋（公元 1127—1279 年）
广东省阳江市南海Ⅰ号沉船出水
中国国家博物馆藏

　　南海Ⅰ号沉船出土铜钱中，钱文可辨识的以北宋
时期居多，另有少量时代属唐、南宋。

2. 碗礁集珍

碗礁一号沉船遗址位于福建平潭屿头岛北侧碗礁附近，地处海峡交通要道，是古代海上丝绸之路南北交通的必经之路，水深 13 ~ 17 米。该遗址于 2005 年 7 月由渔民发现，很快便遭到疯狂盗捞。2005 年、2008 年中国国家博物馆水下考古研究中心组织水下考古队进行了两次抢救性发掘，分别完成了沉船遗址和船体测量发掘工作。船体残长 13.8 米、残宽 3 米、残深 1 米，残存 16 个舱。根据出水瓷器判断，沉船年代为清康熙中期。该遗址是我国水下考古发现时代较晚近的沉船，对研究清代中叶的造船技术、景德镇民窑的外销瓷器等均有重要意义。

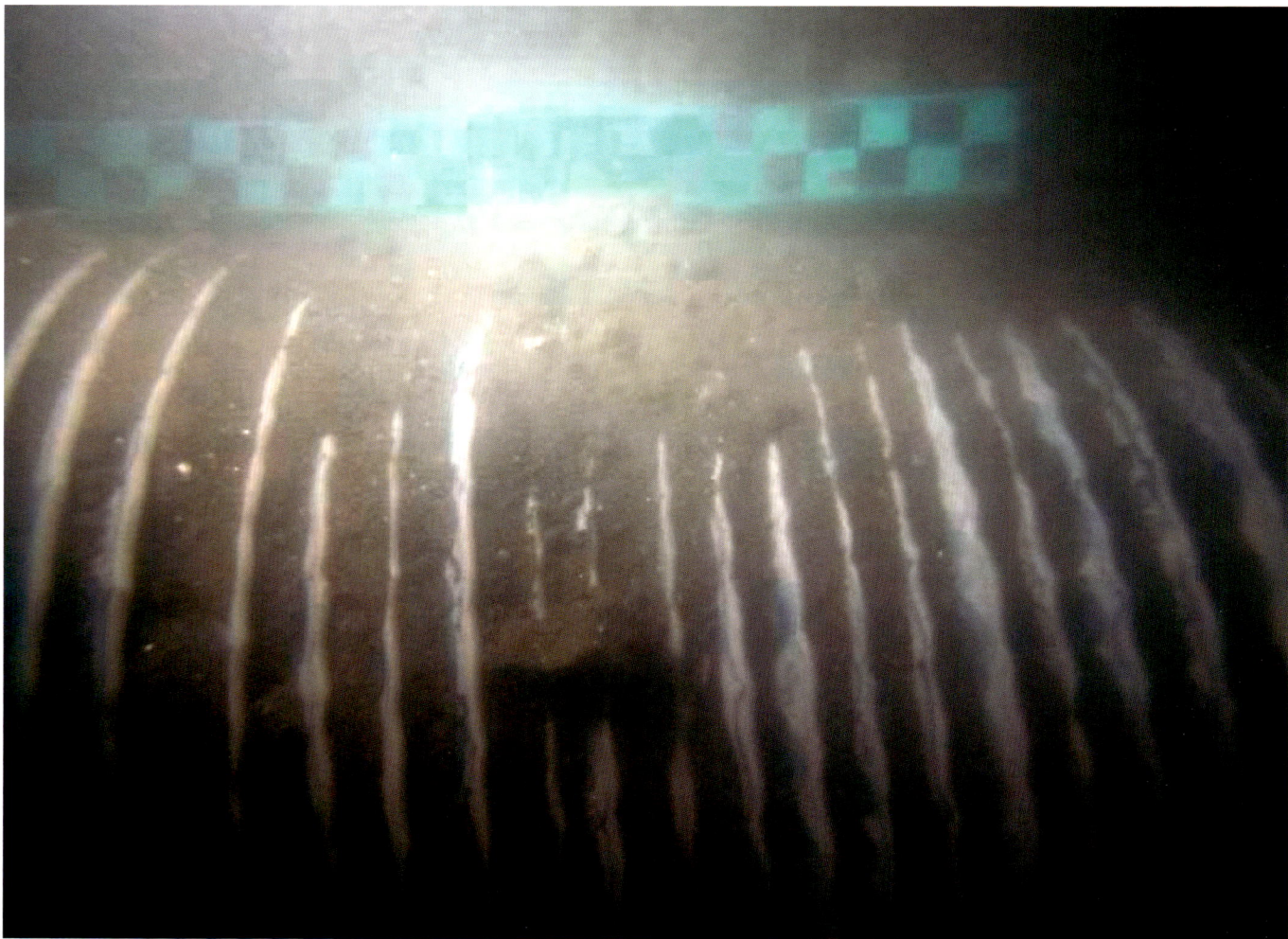

◎ 船舱内保持原状的瓷器

出水遗物 17000 余件，以瓷器占绝大多数，还有极少量的木、石、砚台、铜钱等。瓷器以青花为主，另有少量五彩、酱釉瓷器，为清代康熙中期景德镇民窑的外销瓷器。这批瓷器器型丰富、纹饰多样，具有较高的历史、科学和艺术价值，引起了学术界的广泛关注。

◎ 出水的各式瓷器

◎ 打捞出水的瓷器

打捞出水的瓷器需经过泥沙冲洗、淡水浸泡等初步保护和处理。

景德镇窑青花山水纹瓷碗

清·康熙（公元 1662—1722 年）
口径 15 厘米、高 7.8 厘米、足径 6.6 厘米
福建省平潭县碗礁一号沉船出水
中国国家博物馆藏

　　碗礁一号沉船出水的青花瓷器胎体坚致，胎色洁白，釉面光洁，釉色
莹润。青花呈色有鲜蓝、蓝黑、蓝灰等，有明显的浓淡、深浅之分，使所
绘景物远近分明，层次感强。青花碗主要有大、中、小三种尺寸。碗、盘
的纹饰和图案题材丰富多样，包含了传统瓷器装饰纹样的大部分内容，有
山水楼台、草木花卉、珍禽瑞兽、陈设供器、人物故事、吉祥纹样等。

景德镇窑青花渔家乐人物纹浅瓷碗

清·康熙（公元 1662—1722 年）
口径 12.6 厘米、高 4.8 厘米、足径 6.2 厘米
福建省平潭县碗礁一号沉船出水
中国国家博物馆藏

　　渔家乐是碗礁一号沉船出水瓷器的常见纹饰，也是当时瓷器装饰中喜闻乐见的题材。这件浅碗中心画面远近得宜，富有层次。

景德镇窑青花月下清供图瓷盖罐

清·康熙（公元 1662—1722 年）
罐口径 11.9 厘米、盖口径 10.3 厘米、通高 21.8 厘米、
足径 11.5 厘米
福建省平潭县碗礁一号沉船出水
中国国家博物馆藏

　　盖、罐成套。盖面及罐外壁以青花绘月下清供图，
颈部饰倒蕉叶纹。青花发色浓艳，纹饰布局疏朗有致。

景德镇窑青花凤凰花卉纹浅瓷碗

清·康熙（公元 1662—1722 年）
口径 10.9 厘米、高 3.8 厘米、足径 5.5 厘米
福建省平潭县碗礁一号沉船出水
中国国家博物馆藏

　　这件浅碗内口沿饰青花单圈弦纹，内底绘凤穿牡丹图。

景德镇窑青花缠枝梅菊纹深腹瓷杯

清·康熙（公元 1662—1722 年）
口径 7.3 厘米、高 7.5 厘米、足径 3.3 厘米
福建省平潭县碗礁一号沉船出水
中国国家博物馆藏

　　碗礁一号沉船出水的杯主要有钟形杯和高足杯，其中钟形杯以敞口杯居多，另有少量菱口、侈口杯，部分杯口沿有一周酱褐釉（又称"紫口"）。部分杯子有相同纹样的盘、碟与之配套。这件杯腹部绘缠枝菊、梅纹，内口沿饰青花斜线三角形锦地边饰，外沿、足壁饰青花双圈弦纹。

景德镇窑青花四开光博古人物花卉图瓷盖罐

清·康熙（公元 1662—1722 年）
罐口径 9.4 厘米、盖口径 11.3 厘米、通高 27 厘米、
足径 13.1 厘米
福建省平潭县碗礁一号沉船出水
中国国家博物馆藏

　　碗礁一号沉船瓷器中有一批绘有开光纹样的器物，
即所谓的"克拉克"瓷，是晚明以来著名的外销瓷品
种。"开光"装饰有两大标准：一是在整体中要有一小
块面积的装饰区；二是这一装饰区必须与周围的装饰得
以区分。开光装饰的艺术效果犹如从室内看室外景致，
其艺术形式如同古建筑中的窗户图案。

景德镇窑五彩开光花卉博古纹瓷盘

清·康熙（公元 1662—1722 年）
口径 21.2 厘米、高 3.5 厘米、足径 11.6 厘米
福建省平潭县碗礁一号沉船出水
中国国家博物馆藏

　　五彩瓷器成熟于明代，又称"大明五彩"，其制
作是在已烧成的白瓷上以低温色料描绘图案纹样，然后
经第二次入窑烧成。碗礁一号沉船出水的五彩瓷器主要
有盘、杯、盖罐等，由于长期海水浸泡，五彩脱落严
重，彩釉大多发黑或呈灰黑色。

3. 平潭揽萃

　　大练岛沉船遗址位于福建平潭县大练岛、小练岛之间海域，水深 15 ~ 18 米。遗址于 2006 年 9 月福建沿海水下调查期间被发现，水下考古队立即进行了初步勘探和确认。2007 年 10 月至 12 月，中国国家博物馆水下考古研究中心、福建博物院文物考古研究所、福州市文物考古工作队联合对遗址进行了考古发掘。发掘工作表明，沉船的船体因遭盗捞而损毁严重，仅残留部分船体底部，残长约 7 米、残宽约 5.5 米，残存 7 道隔舱板。推测大练岛沉船是从福州港（或温州港）出发、向南前往东南亚（或泉州港）的元代贸易船，是研究元代海上丝绸之路、中国造船史、海外交通史、贸易陶瓷史的重要实物资料。

◎ 大练岛远景（右；左为小练岛）

　　平潭海域为我国海上丝绸之路的必经地之一，无论是南下还是北上的贸易船只，大部分经过此处。尤其是宋元时期，海上丝绸之路达到鼎盛，大练岛由于其独特的地理位置，宋元时期已"居民环集辐辏，商舶多会于此"。

　　大练岛沉船水下遗物被盗严重，出水遗物共计603件，以青釉瓷器为主，此外还有3件陶罐、1件陶瓦和1件铁锅。青釉瓷器均为龙泉窑民窑产品。经与龙泉窑考古发掘出土及相关海外沉船出水器物进行比对，大练岛沉船出水瓷器的年代约为元代中晚期，遗址年代应与之相当。

◎ 沉船遗址残存的隔舱板等船体遗骸

◎ 水下考古队员采集出水沉船遗物

龙泉窑青釉折沿瓷盘

元（公元 1206—1368 年）
口径 33.8 厘米、高 7.3 厘米、足径 11 厘米
福建省平潭县大练岛沉船出水
中国国家博物馆藏

盘内壁模印呈菊瓣状，盘心刻划一朵莲纹。

龙泉窑青釉折沿瓷盘

元（公元 1206—1368 年）
口径 33.5 厘米、高 7.8 厘米、足径 11.8 厘米
福建省平潭县大练岛沉船出水
中国国家博物馆藏

　　大练岛沉船遗址出水遗物绝大部分是龙泉窑青瓷，主要有碗、大盘、洗、小罐等。施釉普遍较厚，大部分釉面有冰裂纹；釉色以青绿为主，此外还有青黄、青褐、青灰等，釉色深浅不一。装饰方法主要有刻划、模印、贴花等，纹饰主要有水波、卷草、花卉、双鱼、龙纹等。大盘是大练岛沉船出水青釉瓷器的大宗，胎体厚重，釉色深浅不一，纹饰种类较多。龙泉窑青瓷在北宋即已开始外销，南宋至元代是龙泉窑瓷器外销的鼎盛时期。

龙泉窑青釉折沿瓷盘

元（公元 1206—1368 年）

口径 19.8 厘米，足径 7.7 厘米，高 4.3 厘米

福建省平潭县大练岛沉船出水

中国国家博物馆藏

内壁素面无纹，内底模印花卉纹。

龙泉窑青釉菱口折沿瓷盘

元（公元 1206—1368 年）
口径 24.9 厘米、高 5 厘米、足径 11.8 厘米
福建省平潭县大练岛沉船出水
中国国家博物馆藏

　　菱花盘口沿模制成菱花形，内、外壁刻画菊瓣
纹，内底模印或刻划花卉纹。

龙泉窑青釉双系瓷罐

元（公元 1206—1368 年）
口径 3.8 厘米、高 8.1 厘米、底径 5.2 厘米
福建省平潭县大练岛沉船出水
中国国家博物馆藏

　　大练岛沉船出水小罐数量较多，釉色呈灰绿或青绿，釉层多较厚，部分釉面有裂纹。器身均为上、下两部分分别模制。大多数小罐在肩部、腹部模印纹饰，纹样有缠枝莲纹、菊花、葵花、龙、凤、卷草、水波纹等，个别有贴花装饰，少数为素面。

龙泉窑青釉双系瓷罐

元（公元 1206—1368 年）
口径 3.8 厘米、高 7.9 厘米、底径 5.2 厘米
福建省平潭县大练岛沉船出水
中国国家博物馆藏

外壁一周印缠枝花卉纹。

4. 西沙撷英

　　西沙群岛华光礁一号宋代沉船遗址是我国第一次在远海海域开展的大规模水下考古发掘项目，同时也是在水下环境良好的条件下开展的一项较为全面系统、记录详尽的水下考古实践。遗址位于西沙群岛永乐群岛南部华光礁礁盘内侧，1996年由渔民发现，1997年曾遭非法盗掘和严重破坏。1998年至1999年，中国历史博物馆对遗址进行了初步调查和试掘。2007年、2008年中国国家博物馆水下考古研究中心组织水下考古队对华光礁一号沉船遗址进行了两次抢救性发掘，知悉沉船残长18.4米、宽9米，残存10道隔舱板，获得出水文物近万件，为研究宋元时期的造船技术、南海贸易航线、外销陶瓷器提供了珍贵的实物资料，具有重要的学术价值。

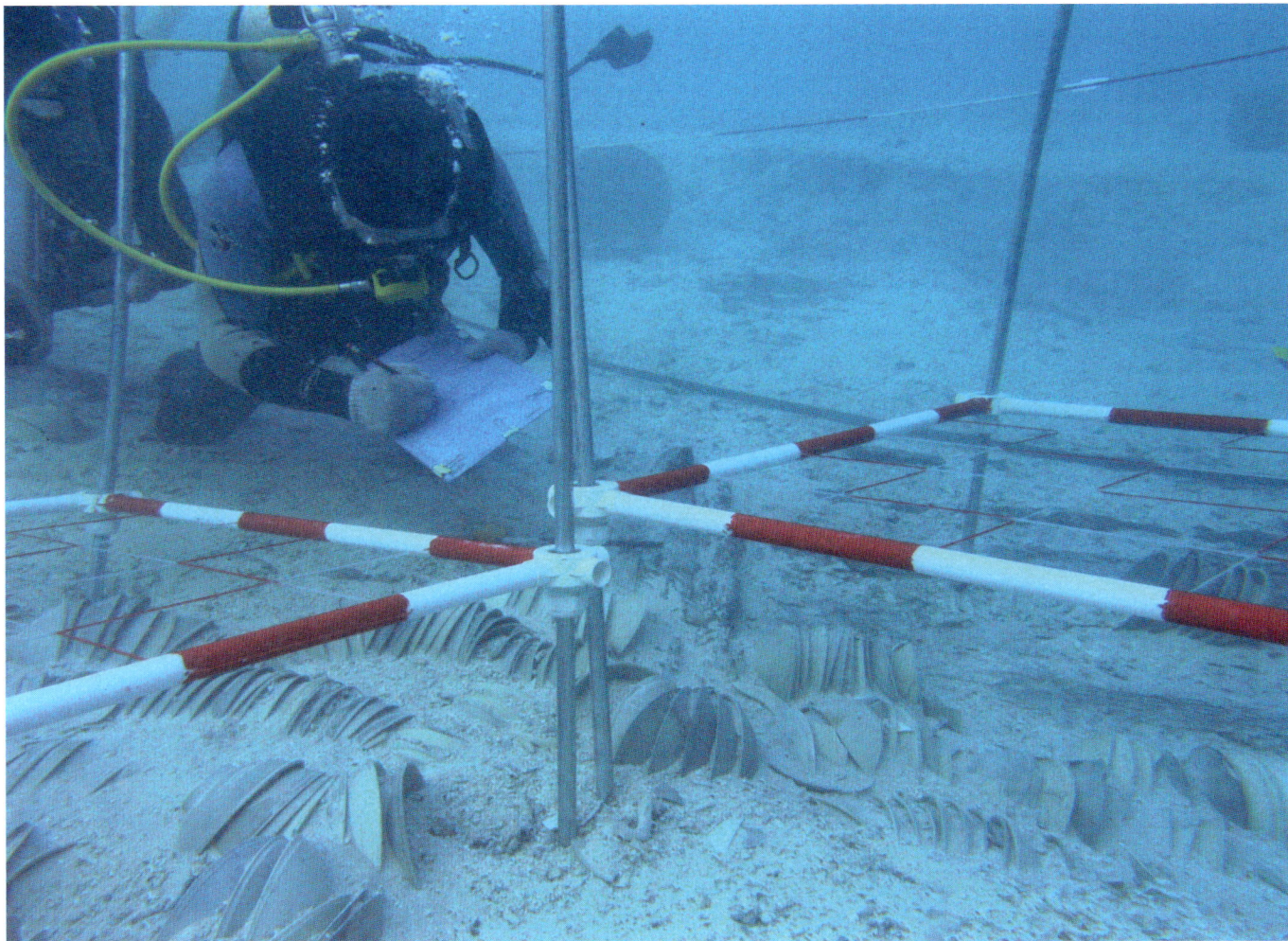

◎ 华光礁一号沉船遗址发掘

◎ 华光礁一号沉船瓷器堆积

◎ 华光礁一号沉船船体遗迹

　　华光礁一号沉船出水遗物近万件，有瓷器、铁器、铜镜、铜钱等，其中瓷器有青白釉、青釉、白釉、酱釉等，产地主要有景德镇窑、德化窑、磁灶窑、闽清义窑、南安窑、松溪窑等，均属于南宋时期。

磁灶窑青釉点彩鼓腹瓷罐

南宋（公元 1127—1279 年）

口径 1.8 厘米、高 5.7 厘米、底径 3.3 厘米

海南省三沙市西沙群岛华光礁一号沉船出水

中国国家博物馆藏

　　小口，鼓腹，平底。施青釉至下腹部，肩部
釉下以褐彩绘花草纹。

景德镇窑青白釉乳钉刻柳斗纹芒口瓷钵

南宋（公元 1127—1279 年）
口径 13.4 厘米、高 6.8 厘米、底径 3.5 厘米
海南省三沙市西沙群岛华光礁一号沉船出水
中国国家博物馆藏

　　这件青白釉钵外壁刻柳斗纹，柳斗纹上有乳丁状
突起，是华光礁一号沉船出水的景德镇窑青白瓷精品。

景德镇窑青白釉葵口龟鹤仙人纹瓷碗

南宋（公元 1127—1279 年）
口径 15.4 厘米、高 5.8 厘米、底径 4.4 厘米
海南省三沙市西沙群岛华光礁一号沉船出水
中国国家博物馆藏

　　龟鹤仙人是宋代较为流行的纹饰题材之一，宋代
道教兴盛，龟鹤、仙人这些与修仙长寿相关的符号常见
于当时的器物，取龟寿延年之意。

青白釉刻划缠枝花卉纹瓷执壶

南宋（公元 1127—1279 年）
口径 7 厘米、高 24.4 厘米、足径 8.2 厘米
海南省三沙市西沙群岛华光礁一号沉船出水
中国国家博物馆藏

　　华光礁一号沉船出水执壶主要有长颈垂腹型、折肩型、八棱形、瓜棱形等，部分执壶外壁有刻划花装饰，部分执壶外底有墨书。此件执壶为八棱形，窑口尚不明确。

德化窑青白釉花瓣口刻划花卉纹长颈瓷瓶

南宋（公元 1127—1279 年）
口径 8.3 厘米、高 16.7 厘米、足径 7.7 厘米
海南省三沙市西沙群岛华光礁一号沉船出水
中国国家博物馆藏

　　华光礁一号沉船出水瓷器除少量来自江西景德镇
窑外，大多来自福建地区的窑场，如德化窑、闽清义
窑、松溪窑、南安窑、茶阳窑等。这件长颈瓶，花瓣形
口，长颈，弧腹，底足略外撇。颈部刻两组双弦纹，腹
部刻划花卉纹。

德化窑青白釉葫芦瓷瓶

南宋（公元 1127—1279 年）
口径 1.5 厘米、高 7.8 厘米、足径 4.8 厘米
海南省三沙市西沙群岛华光礁一号沉船出水
中国国家博物馆藏

钵形口，短直颈，垂腹，平底上腹印两层覆莲纹，腹中部饰一周连珠纹，下腹部模印呈菊瓣形。

南安窑青釉刻划花刻字瓷碗

南宋（公元 1127—1279 年）
口径 25.1 厘米、高 6.7 厘米、足径 7.8 厘米
海南省三沙市西沙群岛华光礁一号沉船出水
中国国家博物馆藏

　　华光礁一号沉船出水的青釉瓷数量较多，主要有龙泉窑、松溪窑、同安窑、南安窑等窑口产品。这件大碗为南安窑青釉瓷，其内阴刻"吉"字。

第四单元

时代新章

　　党的十八大以来，中国特色社会主义进入新时代，包括考古学在内的哲学社会科学的繁荣发展迎来了新的机遇。中国国家博物馆紧跟时代脉搏，着手格局重塑，流程再造，组织重构。2018年成立考古院，下设民族与边疆地区、田野、科技、环境四个考古研究所，以及公共考古办公室。强化了考古院在博物馆中的职能和作用，逐步形成了考古工作的新格局。在中国现代考古学诞生百年之时，国博考古人遵循习近平总书记建设中国特色、中国风格、中国气派的考古学的指导要求，砥砺奋进，不断谱写中国考古学发展的新篇章。

第一组 |民|族|与|边|疆|考|古|

2018 年以来，在馆领导指引下，中国国家博物馆考古院在巩固做好传统优势考古项目的同时，逐步将工作重心向西北地区和边疆民族地区倾斜，重点围绕国家"一带一路"文化建设，探索反映东西方文化交流互鉴、古代丝绸之路形成与变迁的代表性物证。在此思想指导下，民族与边疆地区考古研究所分别于 2019 年、2020 年开始，对新疆库车乌什吐尔、库尔勒玉孜干遗址开展考古发掘工作。发掘成果有助于揭示中西文化交流的迹象和线索，丰富了汉唐时期中原王朝对西域有效管辖的物证材料，为进一步开展丝路考古奠定了基础。

1. 汉唐故城

新疆乌什吐尔古城遗址

乌什吐尔古城遗址位于新疆维吾尔自治区阿克苏地区库车市玉奇吾斯塘乡西 5 公里处，坐落于天山南麓、塔里木盆地北缘、渭干河东岸的绿洲台地之上。遗址总面积约 2 万平方米。东、南、北部均保存有城垣墙基，西部为临河断崖，局部城垣还筑有马面，东南部有一座高大的瞭望台式建筑。

◎ 乌什吐尔遗址位置示意图

2019 年开始，中国国家博物馆、新疆文物考古研究所、阿克苏地区文博院等单位合作，在遗址开展考古发掘工作，揭露出房址、灰坑、灶坑及仓储和排水设施等遗迹，出土陶、石、骨、铜、玉、玻璃器，还发现一些建筑废弃物、塑像残片。2021 年发现的一件残玉人，与陕西凤翔吴山秦汉国家祭祀遗址所见者相同，显示出乌什吐尔遗址在汉代具有较高等级，同时也为寻找西域都护府提供了重要线索。乌什吐尔古城遗址的主体年代为魏晋至唐代。魏晋时期可能与佛教有关，唐代很可能是柘厥关之所在。

渭

干

河

库木吐喇-窟群区

库木吐喇-谷口区

夏合吐尔

乌什吐尔

◎ 乌什吐尔遗址地貌（上为北）

◎ 乌什吐尔遗址俯瞰（自北向南拍摄）

玉人残件

西汉（公元前202—公元8年）
残长5厘米、宽2.4厘米、厚0.5厘米
2019—2021年新疆库车乌什吐尔遗址出土
中国国家博物馆新疆库车工作站暂藏

玉人为青玉质，残存肩部及阴线刻出的下颌和腰带。玉人有性别之分。男性玉人有胡须和发髻，女性玉人无。由此可知，乌什吐尔遗址出土的这件玉人，是一位女性的形象。

除乌什吐尔遗址外，此类玉人还见于甘肃礼县鸾亭山、陕西凤翔雍山血池、宝鸡陈仓下站等秦汉国家祭祀遗址。

（正）

（反）

陶盆

唐（公元 618—907 年）
口径 24.5 厘米、高 9.5 厘米、底径 11 厘米
2019—2021 年新疆库车乌什吐尔遗址出土
中国国家博物馆新疆库车工作站暂藏

　　夹砂红褐陶，方唇，折沿，斜直腹，平底。乌什吐尔遗址中出土了大量陶器残片，可复原的器型包括盆、钵、壶、罐、灯盏、器座、动物模型等。这些陶器应是当时生活在乌什吐尔古城的人们使用的日常器皿。

羚羊纹陶质器錾

唐（公元 618—907 年）
残长 5.9 厘米、残宽 3.6 厘米、厚 2.8 厘米
2019—2021 年新疆库车乌什吐尔遗址出土
中国国家博物馆新疆库车工作站暂藏

　　器錾上贴塑羚羊纹浮雕，这种纹样题材应是受到
了中亚萨珊、粟特金银器的影响。

龟兹文陶片

唐（公元 618—907 年）
长 5 ～ 11 厘米、宽 4 ～ 9 厘米、厚约 1 厘米
2019—2021 年新疆库车乌什吐尔遗址出土
中国国家博物馆新疆库车工作站暂藏

　　龟兹文字母源于古印度梵文的婆罗谜字母，随着佛教传入龟兹地区，龟兹僧侣逐渐用婆罗谜字母书写龟兹本地土语，这种借用婆罗谜字母书写龟兹语逐渐演变而成的文字就是龟兹文，也被称为吐火罗语B。目前，乌什吐尔遗址已出土带墨书龟兹文的陶片十余片。上排左一陶片上的龟兹文，其中可能包括"僧伽"一词。僧伽，是唐代西域名僧。

土坯砖

唐（公元 618—907 年）
长 34.5 厘米、宽 23.6 厘米、厚 6.5 厘米
2019—2021 年新疆库车乌什吐尔遗址出土
中国国家博物馆新疆库车工作站暂藏

乌什吐尔遗址的城墙及房屋四壁，多由土坯砖层
与夯土层（或砂土层）垒筑而成。土坯砖的原材料多
取自附近的河滩淤泥，用模具制作成型后，经过晒干
形成。

骨卜具

魏晋（公元 220—420 年）
长 7.2 厘米、宽 0.6 厘米
2019—2021 年新疆库车乌什吐尔遗址出土
中国国家博物馆新疆库车工作站暂藏

　　骨质，四面长方形棱柱体，每一面主体部分分别
戳印一至四个圆圈纹。此类器物还出土于新疆库车市友
谊路魏晋砖室墓、轮台县卓尔库特古城等地，在于阗、
楼兰、尼雅等遗址也有发现。以往多认为这类器物是在
博戏中使用的一种博具。但根据新疆出土的骰子占卜文
书推断，此类器物应是占卜用具，其四面分别代表了数
字1—4，占卜时先后三次投掷一枚骰子，每次投掷均能
得到1—4中的一个数字，然后按照掷出的先后顺序将数
字排列起来，得到一个三位数组。一个数组称为一卦，
每一卦都附有相应的卦辞，以对应的卦辞来预测吉凶。

　　这类四面骰卜起源于印度，原本具有浓厚的婆罗
门信仰色彩。这种占卜方法后传入西域，又经新疆传入
西藏东北部。问卜的内容涉及政治、战争、商贸、会
议、健康、友情、婚姻、恋爱等社会生活的方方面面。

骨铁复合器

唐（公元 618—907 年）
残长 19.2 厘米、残宽 20.5 厘米、厚 3.2 厘米
2019—2021 年新疆库车乌什吐尔遗址出土
中国国家博物馆新疆库车工作站暂藏

　　这件骨铁复合器的骨质部分，应是由马的髋骨加工而成。此器铁质部分保存较差，仅存锈蚀后的残件，因此已难辨器型。

金戒指

唐（公元 618—907 年）
直径 1.9 厘米
2019—2021 年新疆库车乌什吐尔遗址出土
中国国家博物馆新疆库车工作站暂藏

　　戒指上原应镶嵌有宝石，出土时宝石已遗失。

五铢钱

汉（公元前 202—公元 220 年）
直径 2.5 厘米
2019—2021 年新疆库车乌什吐尔遗址出土
中国国家博物馆新疆库车工作站暂藏

　　"五铢"钱始铸于汉武帝元狩五年（公元前118年），直至唐高祖武德四年（公元621年）铸开元通宝前，一直是官方流通货币。此枚五铢钱有外廓，正面的"五""铢"二字仍清晰可辨，根据字体可初步判断时代为西汉。目前，乌什吐尔遗址已出土五铢钱十余枚，为进一步判断遗址的年代与性质提供了线索。

大历元宝

唐·大历年间（公元 766—779 年）
直径 2.4 厘米
2019—2021 年新疆库车乌什吐尔遗址出土
中国国家博物馆新疆库车工作站暂藏

　　大历元宝为唐代宗大历年间（公元766—779年），由唐安西都护府铸造的本地货币。贞观十四年（公元640年），唐在交河城设安西都护府，管理西域地区。贞观二十二年（公元648年），安西都护府迁至龟兹。"安史之乱"爆发后，吐蕃攻陷河西地区，西域地区与中原的联系被阻断。龟兹地区的安西军民为维持当地经济以及支付军政费用，以唐钱为范本，在龟兹铸造了"大历元宝""建中通宝"等本地货币。目前已发现的大历元宝，多出土于新疆库车及周边地区，其他地点偶见。

建中通宝

唐·建中年间（公元 780—783 年）
直径 2 厘米
2019—2021 年新疆库车乌什吐尔遗址出土
中国国家博物馆新疆库车工作站暂藏

　　建中通宝为唐德宗建中年间（公元780—783年），由唐安西都护府铸造的本地货币。贞观十四年（公元640年），唐在交河城设安西都护府，管理西域地区。贞观二十二年（公元648年），安西都护府迁至龟兹。"安史之乱"爆发后，吐蕃攻陷河西地区，西域地区与中原的联系被阻断。龟兹地区的安西军民为维持当地经济以及支付军政费用，以唐钱为范本，在龟兹铸造了"大历元宝""建中通宝"等本地货币。目前已发现的建中通宝，集中于塔里木盆地北缘以库车为中心的东南及西南地区，在焉耆、拜城等地皆有发现，这些区域也是唐安西守军的主要驻防区域。

龟兹小铜钱

魏晋南北朝（公元 220—589 年）
直径 1.1 ~ 1.3 厘米
2019—2021 年新疆库车乌什吐尔遗址出土
中国国家博物馆新疆库车工作站暂藏

　　龟兹王国仿照中原传统的外圆方孔钱而铸造的本地货币。龟兹小钱的使用时间较长，大约从魏晋南北朝延续至唐初。

铜菩萨像

唐（公元 618—907 年）
高 2.4 厘米
2019—2021 年新疆库车乌什吐尔遗址出土
中国国家博物馆新疆库车工作站暂藏

　　这件青铜造像有莲瓣形头光，无身光，应为一尊菩萨像。这件铜像的出土与当时龟兹地区主要信奉佛教的背景相一致。

玛瑙饰件

唐（公元 618—907 年）
菱形长约 1.2 厘米；圆形直径约 0.7 厘米
2019—2021 年新疆库车乌什吐尔遗址出土
中国国家博物馆新疆库车工作站暂藏

　　这两件玛瑙饰件应是串饰上的构件，其上均有穿孔。圆形玛瑙珠穿孔为单面钻，菱形玛瑙饰件为双面对钻。

木残件

唐（公元 618—907 年）
残长 8.6 厘米、最宽处 3.7 厘米
2019—2021 年新疆库车乌什吐尔遗址出土
中国国家博物馆新疆库车工作站暂藏

　　木残件呈亚腰形，器表雕刻出两道弦纹。可能为建筑构件。

2. 小城大事

新疆库尔勒玉孜干遗址

玉孜干遗址位于新疆维吾尔自治区巴音郭楞蒙古自治州库尔勒市阿瓦提乡阿瓦提村二组东侧。现存遗迹主要有周边城墙和城内的高台建筑。

2020—2021年，中国国家博物馆与新疆维吾尔自治区文物考古研究所联合组队，对玉孜干遗址进行了考古勘探与发掘工作，知悉遗址存在外围城墙与其中的高台建筑。初步研究表明，高台建筑系夯筑而成，使用时代不晚于公元前550—公元前400年。

◎ 玉孜干遗址全景

土坯台体

倒塌堆积

活动面

倒塌堆积

迁墓沟

活动面

倒塌堆积

活动面

迁墓沟

活动面

N

◎ 玉孜干遗址 2020 发掘区域遗迹分布示意图

第二组 │ 田 │ 野 │ 考 │ 古 │

2012 年以来，国博田野考古工作者在内地的足迹遍及晋、冀、鲁、豫、蒙、陕、甘、苏、浙、皖、闽等多个省区，牵头开展了安徽姑溪河流域、山西滹沱河流域和浊漳河流域、山东薛河流域等区域系统调查；主持发掘了河北康保兴隆、江苏泗洪韩井、山西绛县西吴壁和忻州刘沟、陕西宝鸡吴山、海南东方荣村等重要遗址；参与了雄安基本建设考古，在多个领域取得了令学界瞩目的成就。

1. 淮水稻源

韩井遗址位于江苏省泗洪县梅花镇韩井村，地处淮河中下游平原地带，海拔约 20 米，是一处顺山集文化时期的环壕聚落遗址，面积约 5 万平方米。2011—2012 年，南京博物院与镇江博物馆合作对其进行了勘探和试掘，对遗址的文化内涵有了初步了解。

2013 年起，中国国家博物馆与南京博物院合作启动苏北地区考古项目，选择韩井遗址开展考古发掘工作，发现并确认环绕遗址的壕沟，揭露出丰富的遗迹和遗物。值得一提的是，在遗址东南部发现一组由若干水沟和三块低洼地组成的遗迹。结合该组遗迹的结构特点、出土植物遗存以及遗址上其他堆积单位出土的驯化水稻证据，推测这组遗迹与水稻种植有关，或曾为早期水稻田，绝对年代约为距今 8450—8200 年。果如是，则其是迄今所见东亚最早的稻田遗存。

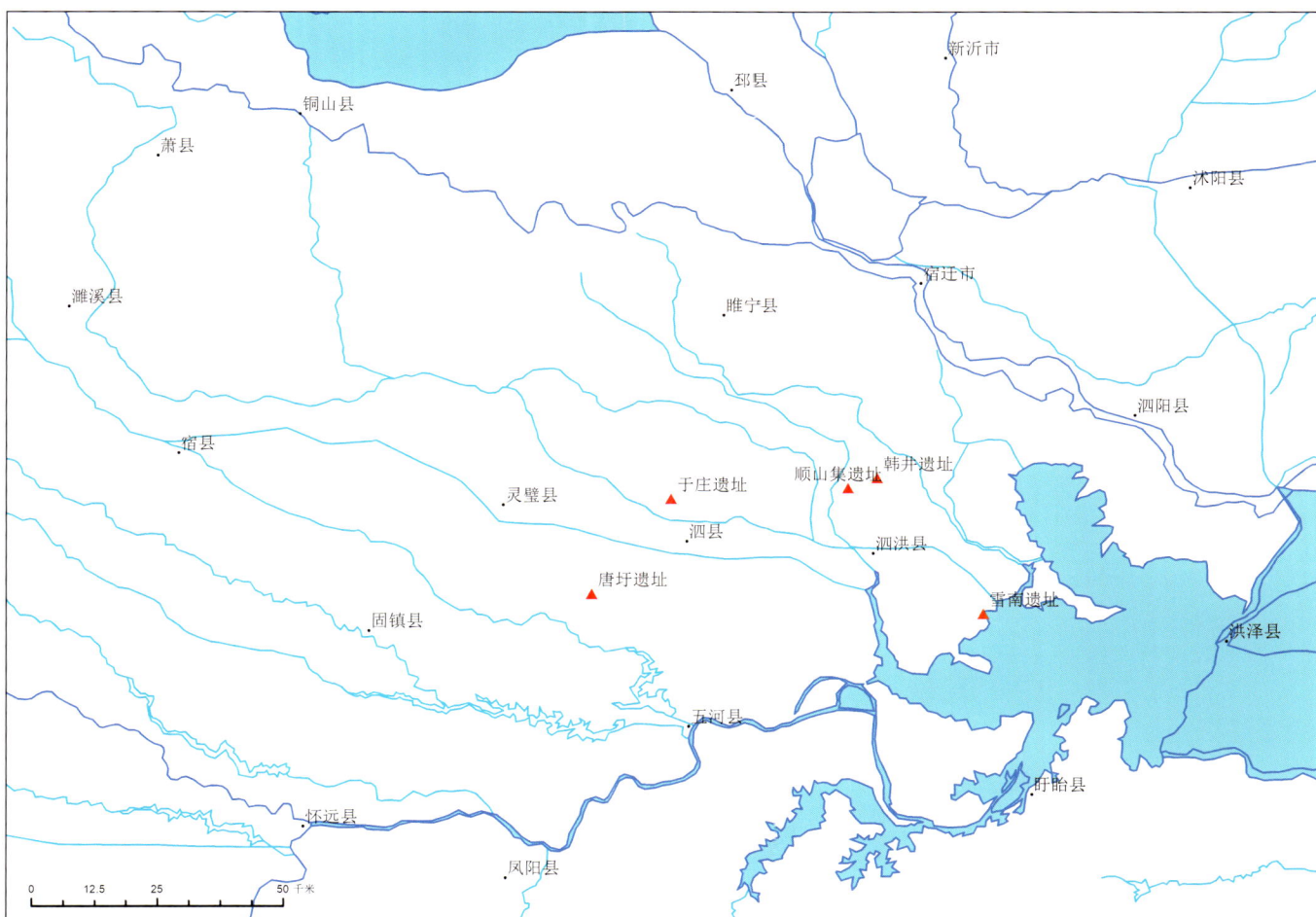

◎ 韩井遗址位置图

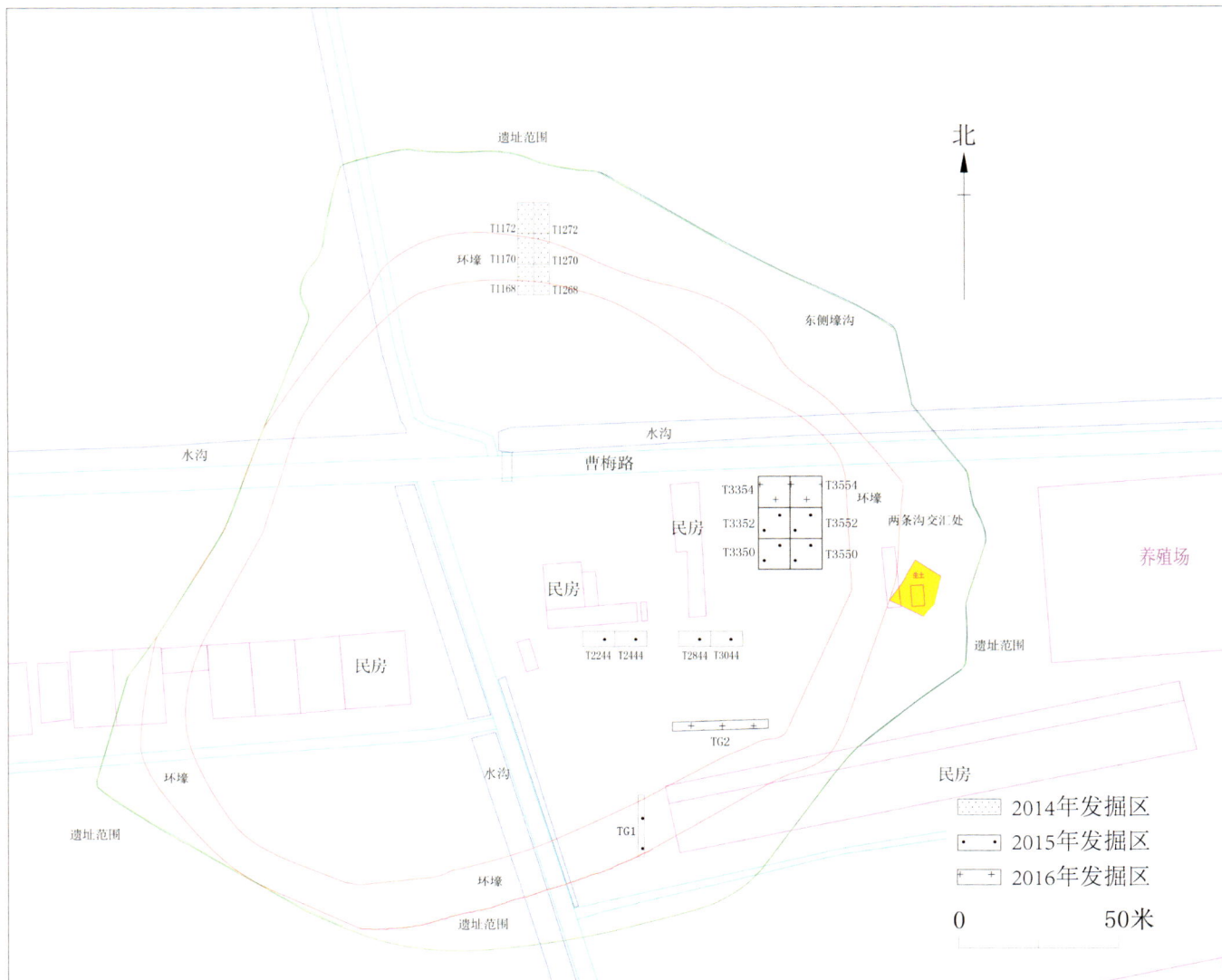

◎ 韩井遗址平面图

◎ 环壕北段解剖（西—东）

◎ 韩井遗址工作现场（按 1×1 米网格收集遗物）

韩井碳十四测年拟合结果

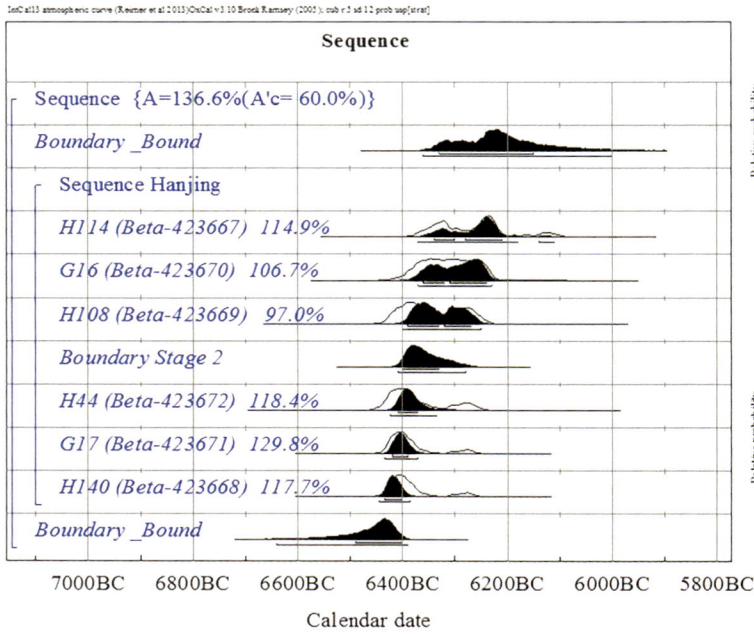

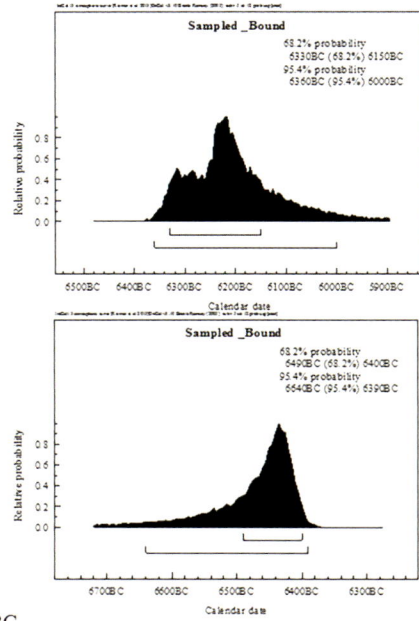

IntCal13 atmospheric curve (Reimer et al 2013);OxCal v3.10 Bronk Ramsey (2005); cub r 5 sd 12 prob usp[strat]

Sequence

Sequence {A=136.6%(A'c= 60.0%)}

Boundary _Bound

Sequence Hanjing

H114 (Beta-423667) 114.9%

G16 (Beta-423670) 106.7%

H108 (Beta-423669) 97.0%

Boundary Stage 2

H44 (Beta-423672) 118.4%

G17 (Beta-423671) 129.8%

H140 (Beta-423668) 117.7%

Boundary _Bound

Calendar date

◎ 韩井遗址一期和二期遗存的 AMS 测年数据拟合结果

陶釜

顺山集文化二期
（约公元前 6200—公元前 6000 年）
口径 40.2 厘米、腹径 32.6 厘米、高 29 厘米
2014—2016 年江苏省泗洪县韩井遗址出土
江苏省泗洪县博物馆藏

　　夹砂红褐陶，敞口、直壁、深腹、圆底。与支座搭配作为炊器使用，常见于顺山集文化一、二期，一期器型较为厚重，唇部圆厚，二期时器型逐渐转向轻、薄。

陶釜

顺山集文化二期
（约公元前 6200—公元前 6000 年）
口径 31.4 厘米、腹径 25.2 厘米、高 16.6 厘米
2014—2016 年江苏省泗洪县韩井遗址出土
江苏省泗洪县博物馆藏

　　夹粗砂，外红褐内黑，陶色不均。手制，周围每隔一段距离分布一个或两个小鋬手，共四鋬，素面，敞口圆唇，深斜腹，圆底。

陶釜

顺山集文化三期（公元前5800年左右）
口径24.2厘米、腹径23.2厘米、高15.1厘米、
壁厚0.4厘米
2014—2016年江苏省泗洪县韩井遗址出土
江苏省泗洪县博物馆藏

　　夹植物红陶。陶色均匀。手制。腹部先施交错细
绳纹后被抹平。敞口、宽沿、尖圆唇、鼓腹、圈底，
是韩井遗址第三期最具代表性的炊器。

陶圈足盘

顺山集文化三期（公元前 5800 年左右）
口径 23.4 厘米、高 6.6 厘米、壁厚 0.45 厘米
2014—2016 年江苏省泗洪县韩井遗址出土
江苏省泗洪县博物馆藏

　　夹植物红陶，陶色均匀，手制，器表施红色陶衣，敞口，尖圆唇，直壁微弧，圈足。

g5

g6

g4

2

树坑

g3

k

◎ 韩井遗址"水稻田"遗迹（东南—西北向）

◎ 韩井遗址 H215 陶釜内发现的炭化稻

◎ H135 ① 出土夹植物陶胎内稻壳痕迹

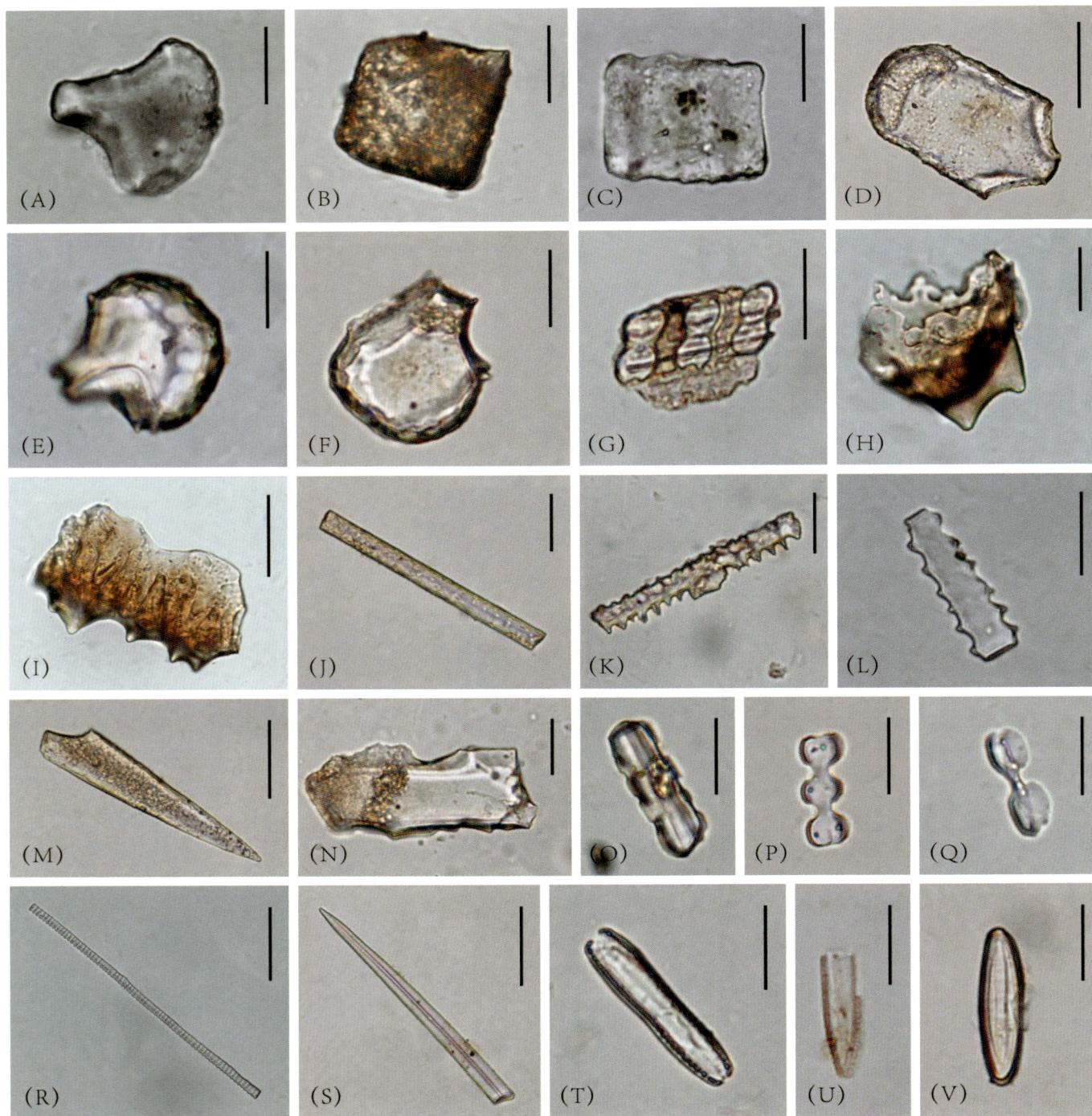

◎ 韩井遗址部分水稻植硅体和硅藻

炭化稻

顺山集文化一期（约公元前 6500—公元前 6200 年）
长 4.289 毫米、宽 2.270 毫米、厚 1.697 毫米，
长宽比值 1.889
2014—2016 年江苏省泗洪县韩井遗址出土
江苏省泗洪县博物馆藏

　　一般认为，普通野生稻的稻谷长宽比大于 3.2，栽培稻的长宽比为 1.6～3.0。该粒稻谷呈现了韩井遗址顺山集文化最早阶段的栽培稻形态，是淮河中下游新石器时代中期水稻栽培的有力实证。

炭化稻

顺山集文化二期（约公元前 6200—公元前 6000 年）
长 1.09 毫米、宽 0.89 毫米
2014—2016 年江苏省泗洪县韩井遗址出土
江苏省泗洪县博物馆藏

　　应为栽培稻。韩井遗址顺山集文化二期出土的炭化水稻较多，表明水稻的利用更加普遍，揭示了遗址先民持续强化的水稻栽培行为。

炭化水稻小穗轴

顺山集文化一期（约公元前 6500—公元前 6200 年）
长 0.78 毫米、宽 0.54 毫米
2014—2016 年江苏省泗洪县韩井遗址出土
江苏省泗洪县博物馆藏

　　浮选出土。小穗轴是稻壳与稻梗结合部。小穗轴基盘的形态是判断水稻野生与驯化的重要特征之一。成熟野生稻的小穗轴基盘光滑，有离层，无维管束，易落粒。成熟驯化稻的小穗轴基盘则呈现明显的断疤，无离层，有维管束，不易落粒。韩井遗址发现了这两种形态的水稻小穗轴，可见其处于淮河中下游早期水稻驯化的过程中。这两粒水稻小穗轴均为驯化类型。

磨石

顺山集文化三期
（公元前 5800 年左右）
长 8.9 厘米、残宽 6.1 厘米
2014—2016 年江苏省泗洪县韩井
遗址出土
江苏省泗洪县博物馆藏

　　石英砂岩，原应为河滩砾石，
尚保留有原始的石皮。横截面为近
三角形，有三个使用面，应当是与
磨盘配套使用。

石磨盘

顺山集文化三期
（公元前 5800 年左右）
宽 11.2 厘米、壁厚 5.1 厘米
2014—2016 年江苏省泗洪县韩井
遗址出土
江苏省泗洪县博物馆藏

　　残。灰白色，凝灰岩质，打制
成型，有一个凹弧状的使用面。

石锛

顺山集文化三期（约公元前 5800 年）
长 6.6 厘米、宽 2.5 厘米、壁厚 1.2 厘米
2014—2016 年江苏省泗洪县韩井遗址出土
江苏省泗洪县博物馆藏

　　长方形，中部鼓，弧刃，不规整，通体磨光，器
表及刃部有若干小疤痕。

骨管状饰

顺山集文化三期（约公元前 5800 年）
长 9.1 厘米，管径 2 厘米
2014—2016 年江苏省泗洪县韩井遗址出土
江苏省泗洪县博物馆藏

　　竹节状，器身自上而下，有五条通过减地浅浮雕
做出的凸弦纹。由动物肢骨切割成型通体精磨，中部
有对应的两个圆孔贯穿器身，上下端各有一个椭圆形
孔，应为琢出。该器虽然残断，却极为少见，表现了
顺山集文化时期高超的骨雕工艺。

2. 坝上明珠

　　坝上地区以往考古工作开展较少，考古学文化序列尚不完整。2015 年开始，中国国家博物馆、河北省文物考古研究院、河北师范大学、张家口市文物考古研究所组成联合考古队，调查了河北西部 23 区县的部分新石器早中期遗址。2016—2017 年，选择康保、张北两县开展区域系统调查工作，发现并试掘了兴隆遗址。

　　兴隆遗址是该区域堆积最为复杂、延续使用时间最长、文化遗存最为丰富的一处遗址，很具代表性，且发现了距今 7600 年前的炭化黍遗存，刷新了学界对坝上地区早期文化发展程度的认识。兴隆遗址为研究农牧交错带早期人地关系、农业起源、人群迁徙和文化交流等提供了关键材料，堪称坝上明珠。

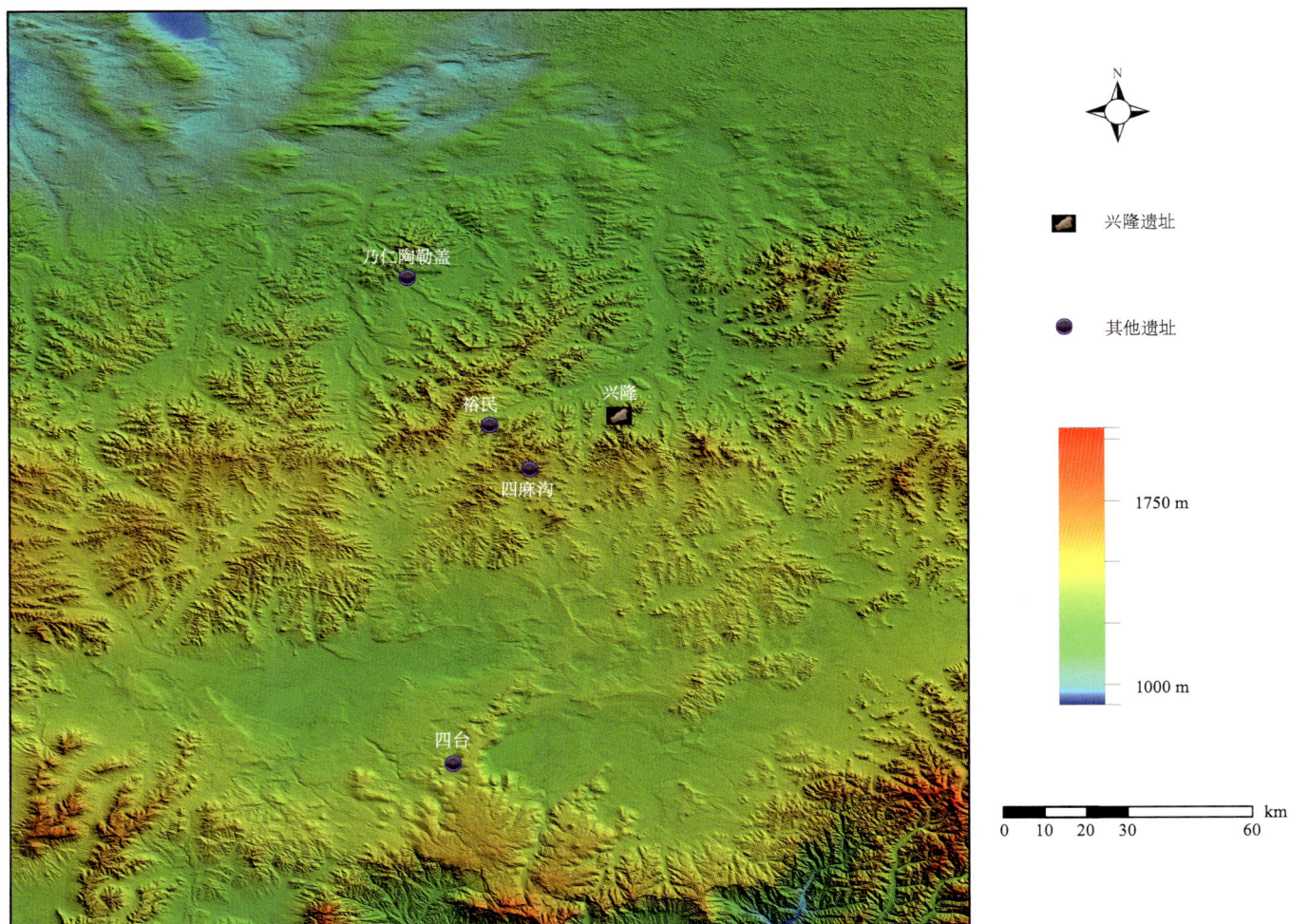

◎ 坝上地区部分史前遗址分布图

　　近年来，随着坝上地区的裕民、兴隆、四麻沟、四台、乃仁陶勒盖等遗址的发现与发掘，揭露出一批文化面貌接近的遗存，有学者称之为"裕民文化"。

◎ 兴隆遗址 DEM 图

　　兴隆遗址及周邻区域的地势西北高、东南低，海拔高度为 1398～1410 米。遗址坐落在山前开阔平缓的坡地上，北依山体，东西两侧各有一条自然冲沟在遗址的东南交汇流入赛圪垯沟。遗址主要分布于两沟之间，面积约 1 万平方米。

　　2018—2019 年，经国家文物局批准，中国国家博物馆、河北省文物研究所、张家口市文物考古研究所组成联合考古队，选择兴隆遗址开展考古发掘工作。2021—2022 年，联合考古队继续在兴隆遗址进行考古发掘。通过这些工作，揭露出丰富的史前遗存。这些遗存可分五期，一至三期的文化面貌较为一致，与冀蒙交界地区的裕民、四麻沟、四台等遗址文化内涵接近，代表了一支新的考古学文化；四、五期分别同后岗一期、红山文化时代相当。一至四期均见居址遗存，五期发现了圆坑墓。

陶筒形罐

兴隆遗址三期遗存
（约公元前 5550—公元前 5050 年）
口径 16.2 ～ 17.3 厘米、高 22.6 ～ 22.9 厘米、
底径 7.2 ～ 8.6 厘米、壁厚 0.75 ～ 1.1 厘米
2018 年河北省康保县兴隆遗址出土
河北省康保县博物馆藏

　　夹砂红褐陶，外壁斑驳，器表部分为灰
黑色。出土于 F2 居住面上。圆唇，口微敛，
鼓腹，平底。

陶杯

兴隆遗址二期遗存
（约公元前 6050—公元前 5550 年）
口径 7.8 ～ 8.1 厘米、底径 2.4 ～ 2.7 厘米、
壁厚 0.47 ～ 0.58 厘米
2019 年河北省康保县兴隆遗址出土
河北省康保县博物馆藏

　　夹砂红褐陶，外壁颜色斑驳，部分呈黑灰
色。器身外壁可见大量竖向刮抹痕迹。口部规
整，呈圆形，圆唇，微敛口，腹微鼓，平底，
底面为规则圆形，外缘略凸出。口部饰有规整
的齿状花边，其余部分均为素面。

陶板状器

兴隆遗址二期遗存（约公元前 6050—公元前 5550 年）
残高 17.5 厘米、残宽 19.4 厘米、厚 0.9 ~ 1 厘米
2019 年河北省康保县兴隆遗址出土
河北省康保县博物馆藏

　　夹砂红褐陶，正面及背面部分呈黑灰色。器物原应
为弧边梯形，现存上半部，纵横截面均略呈弧形。器身
上部饰有两组刻划波折纹，顶部及右侧边缘饰有花边，
应为连续按压而成，但部分按窝不甚清晰。

興隆遺址出土的石、骨等工具，为了解不同时期的生业经济提供了可能。所见石器有打制类、研磨类和细石器三种，另有少量制作精美的小饰品。骨器多制作成刀、锥、针等工具。出土植物遗存种类丰富，农作物有粟和多种可食用的藜科、蒿属及山杏等野生植物。

◎ 2018—2019 年主发掘区全景

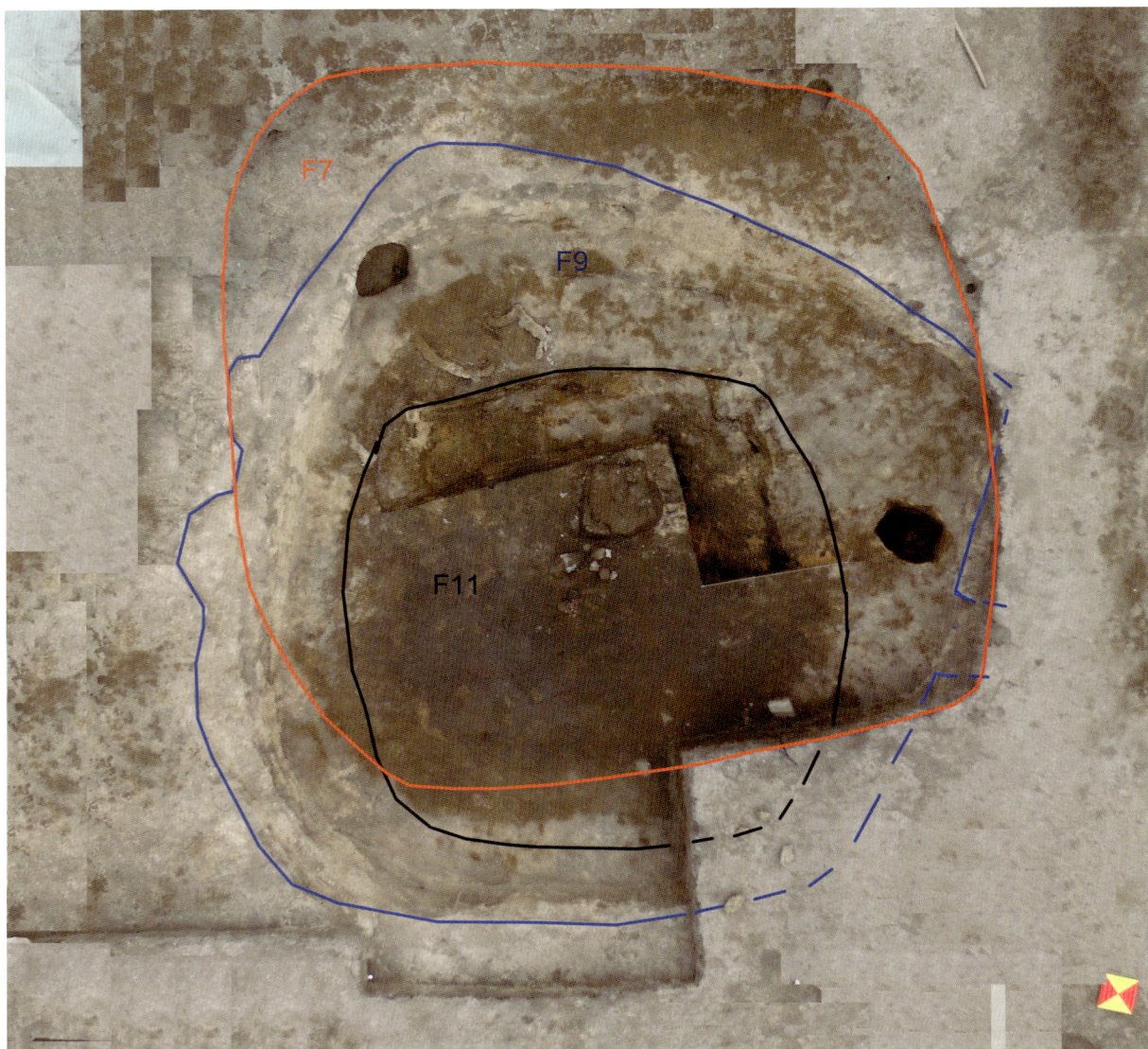

◎ 兴隆遗址第一至三期房址叠压情况

◎ 兴隆遗址典型房址结构（F6）

石磨棒

兴隆遗址三期遗存(约公元前5550—公元前5050年)
长19.3厘米、直径5.2~6.1厘米
2018—2019、2021年河北省康保县兴隆遗址出土
河北省康保县博物馆藏

　　灰黑色粗粒花岗岩。圆柱状,整体规整。通体光滑。器身粗细较一致,横截面略呈椭圆形。与磨盘配套使用,作为磨粉或者脱壳的工具。

石磨盘

兴隆遗址三期遗存(约公元前5550—公元前5050年)
残长28.2厘米、宽27.3厘米
2018—2019、2021年河北省康保县兴隆遗址出土
河北省康保县博物馆藏

　　灰色凝灰岩质。出土时置于F6居住面之上,残存一端。正面为磨面,中部稍折起将磨面分为两部分。原应为圆角长方形。

石铲

兴隆遗址三期遗存（约公元前 5550—公元前 5050 年）
高 20 厘米、器身宽 17.5 厘米、顶部宽 8.4 厘米
2018 年河北省康保县兴隆遗址出土
河北省康保县博物馆藏

　　红色粗火山岩质。板状毛坯边缘两面修理而成，
器身两侧及刃部有较多疤痕。梯形、亚腰、单面直刃。

石铲（2件）

兴隆遗址五期遗存（约公元前 3850—公元前 3250 年）
高 21 ~ 21.5 厘米、器身宽 13.5 ~ 16.5 厘米、
顶部宽 10.4 ~ 12.5 厘米、厚 2.2 ~ 2.4 厘米
2018 年河北省康保县兴隆遗址出土
河北省康保县博物馆藏

　　灰色火山岩质。以石片坯修理而成，周缘皆经修整，
正面小部分粗略磨制。亚腰形、弧刃，刃部已非常圆钝，
应经长期使用已接近废弃。出土时两件叠在一起。

骨柄石刃刀

兴隆遗址一期遗存（约公元前 6550—公元前 6050 年）
长 17.3 厘米、宽 0.5 ~ 1.6 厘米、厚 0.3 ~ 0.7 厘米
2018 年河北省康保县兴隆遗址出土
河北省康保县博物馆藏

　　复合工具，骨柄利用动物肢骨制成，缺少石刃。通体磨光，前端尖，两面皆有明显磨制痕迹，左右两侧均有镶嵌石刃的凹槽。

骨柄石刃刀

兴隆遗址一期遗存（约公元前 6550—公元前 6050 年）
长 18 厘米、宽 1.2 ~ 2.2 厘米、厚 0.3 ~ 0.6 厘米
2018 年河北省康保县兴隆遗址出土
河北省康保县博物馆藏

　　复合工具，骨柄利用动物肢骨制成，缺少石刃。正面基本保持骨骼原状，背面为劈裂面并经磨制，左侧边缘大部为骨骼劈裂面，右侧边缘有镶嵌石刃的凹槽。

骨柄石刃刀

兴隆遗址五期遗存（约公元前 3850—公元前 3250 年）
长约 23 厘米、宽 1.2 ~ 2.1 厘米、厚 0.3 ~ 0.6 厘米
2018—2019、2021 年河北省康保县兴隆遗址出土
河北省康保县博物馆藏

　　复合工具，骨柄利用动物肢骨制成，基本完整。
周身有明显磨制痕迹，背部较平直，腹部凹槽内镶嵌石
刃。石刃用打制的若干件窄长形细石叶组合而成。

炭化黍

兴隆遗址二期遗存（约公元前 6050—公元前 5550 年）
平均粒长 1.55 毫米、粒宽 1.30 毫米、粒厚 1.10 毫米
2018—2019、2021 年河北省康保县兴隆遗址出土
中国国家博物馆藏

　　浮选出土炭化植物种子或果核，有农作物粟、黍，和多种可食用的藜科、蒿属及山杏等野生植物。炭化黍直接加速器质谱测年结果约为距今7700—7000年，这是目前具有直接测年数据的最早黍遗存之一。

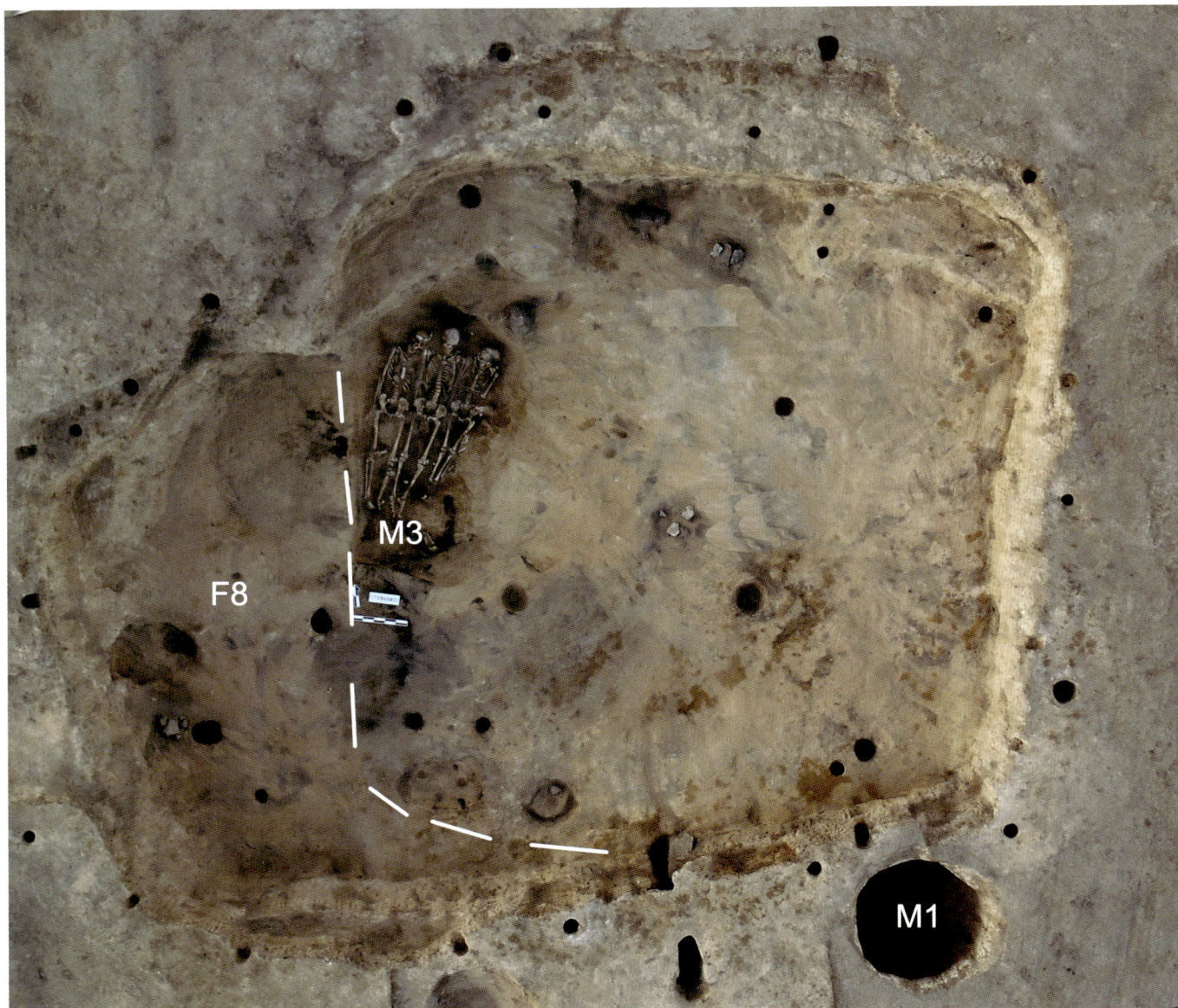

◎ 兴隆遗址 M3

兴隆遗址已揭露的墓葬按年代差异可分两个阶段。

第一阶段距今约 7300 年，目前仅见一座（M3）三人合葬墓。葬者为两男一女，均佩戴环绕头部的玉串饰。在该墓填土中发现了零散的玉串饰、穿孔贝壳、磨石、骨锥、骨雕猪首等，应是随葬器物被后期扰动所致。

另一阶段距今约 5400 年，所见墓葬（M1）为圆形土坑墓，单人屈肢葬。随葬器物较丰富，有鹿角、骨柄石刃刀、石刀、磨盘、磨棒、骨镞、骨刀、骨簪、骨锥、玉耳珰、串饰、串珠等。其中马鹿牙串饰和微型串珠等常见于西伯利亚及东欧等地的史前墓葬中。

◎ 兴隆遗址 M3（局部）

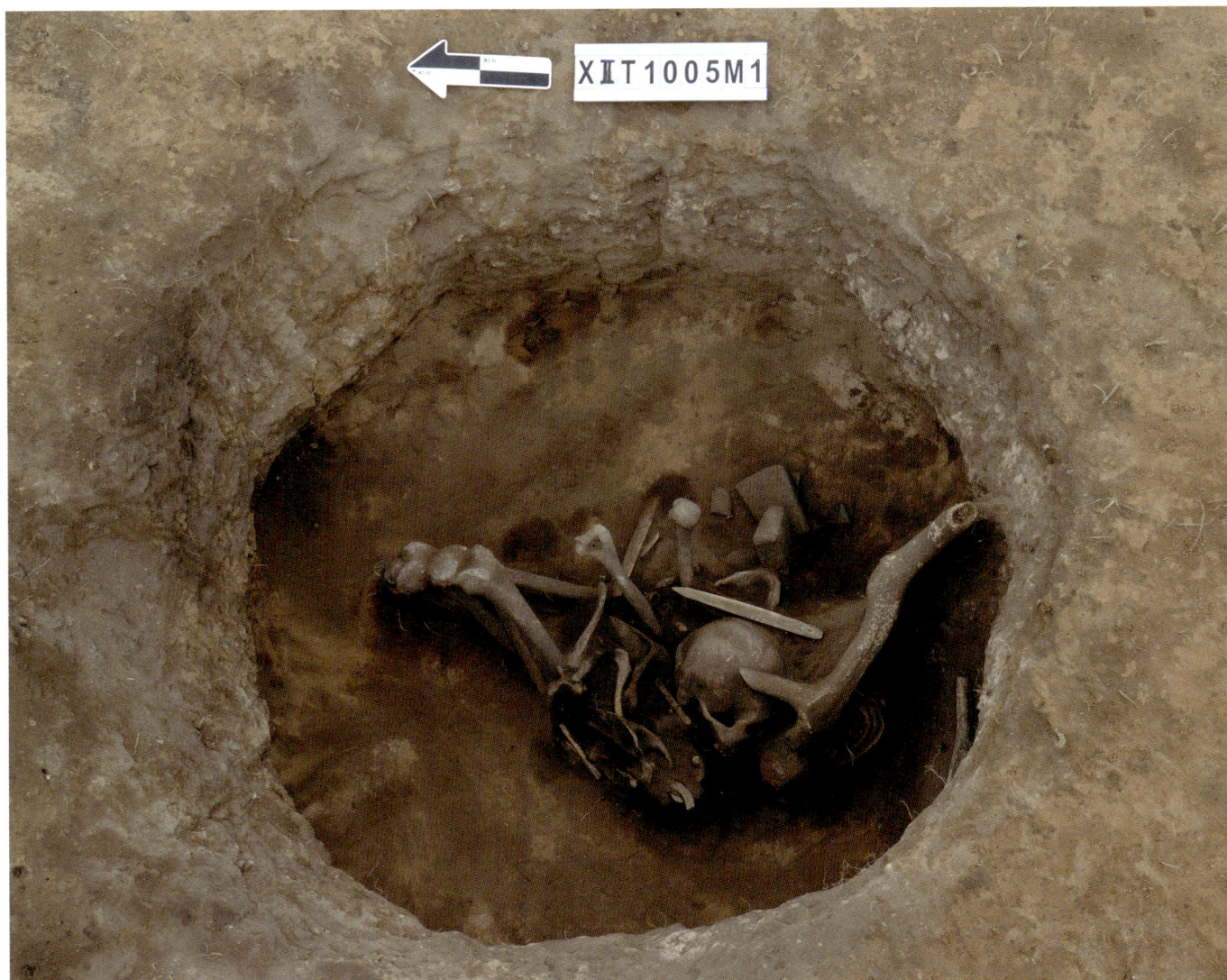

◎ 兴隆遗址圆坑墓（M1）

石串饰（1组）

兴隆遗址三期遗存（约公元前 5550—公元前 5050 年）
单个组件：长 1.3 厘米、宽 2 厘米
2018—2019、2021 年河北省康保县兴隆遗址出土
河北省康保县博物馆藏

　　M3三个墓主头戴的冠饰，出土时有局部位移，冠饰保存不完整，大部分组件呈长方形，后端略弧。表面光滑，正反两面皆抛光，侧面有两个对钻孔。

猪首形骨雕

兴隆遗址三期遗存（约公元前 5550—公元前 5050 年）
残长 2 ～ 3 厘米、残宽 1 ～ 2 厘米
2018—2019、2021 年河北省康保县兴隆遗址出土
河北省康保县博物馆藏

猪首形骨雕，残。一侧吻部、獠牙和眼睛较为形象，清晰可辨，采用浅浮雕和线刻等工艺制作。应为野猪形象。

微型石串珠

兴隆遗址五期遗存（约公元前 3850—公元前 3250 年）
直径 1 ～ 2 毫米
2018—2019、2021 年河北省康保县兴隆遗址出土
河北省康保县博物馆藏

　　有石质和蚌质两类。石质又分乳白色和黑色两种，尺寸较小；蚌质乳白色，尺寸较大。发现于 M1 墓主周身处，推测为缀连在衣服或头发上的装饰。

3. 中条吉金

夏商青铜重器是礼乐、王权的物质体现。铸造这些重器的铜料从何而来是困扰学界的一大谜题。中国国家博物馆等单位在晋南中条山地区发掘的闻喜千金耙、绛县西吴壁遗址，分别是考古工作者首次在广义中原地区发掘的采矿、冶铜遗址，填补了学术空白，为认识夏商王朝控制、开发、利用中条山铜矿资源提供了珍贵的实物资料。

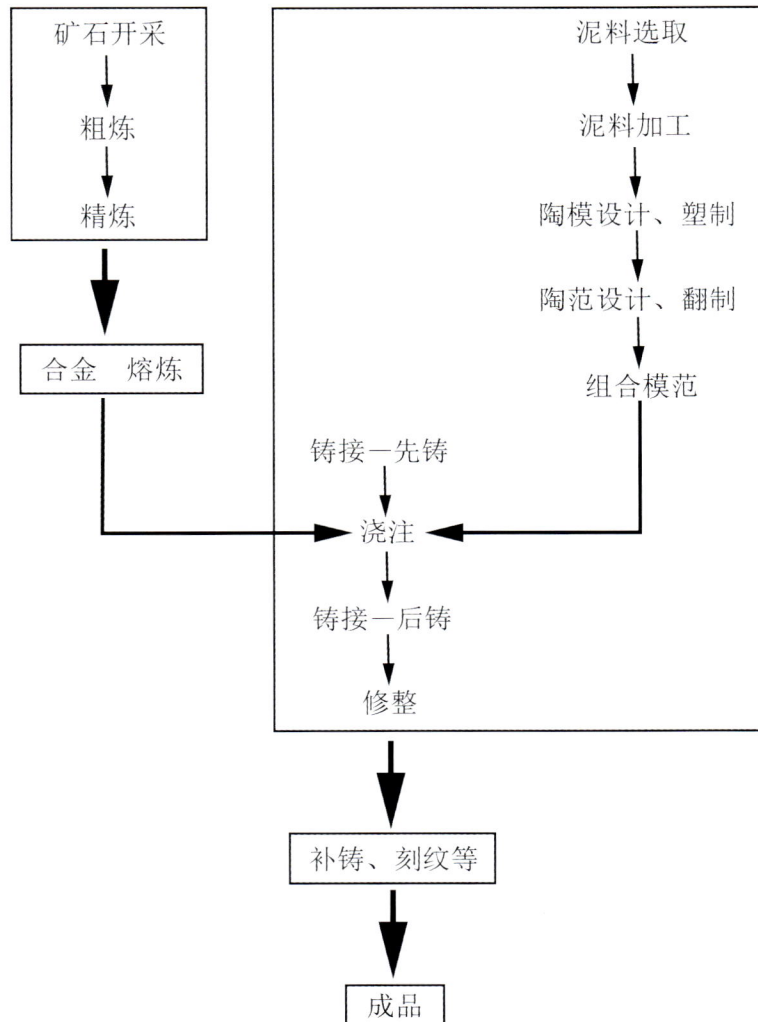

◎ 青铜器制作流程图

◎ 千金耙遗址考古工作现场

　　千金耙遗址位于山西省运城市闻喜县石门乡玉坡村，处在篦子沟—胡家峪铜矿带上。2010年7月，中国国家博物馆和山西省考古研究所组成的联合考古队在中条山内发现与铜矿石共存的夏商陶片，以此为线索发现了千金耙采矿遗址。2011—2012年，联合考古队在千金耙遗址开展了两次考古发掘，揭露出灰坑、木炭窑等遗迹，清理多处古矿井，出土较多陶、石、骨器及残炉壁、炼渣、矿石等遗物，这是我国考古工作者首次在中原地区发掘早期采矿遗址，为研究早期冶金考古获取了十分珍贵的实物资料。

◎ 千金耙遗址发掘区遗迹

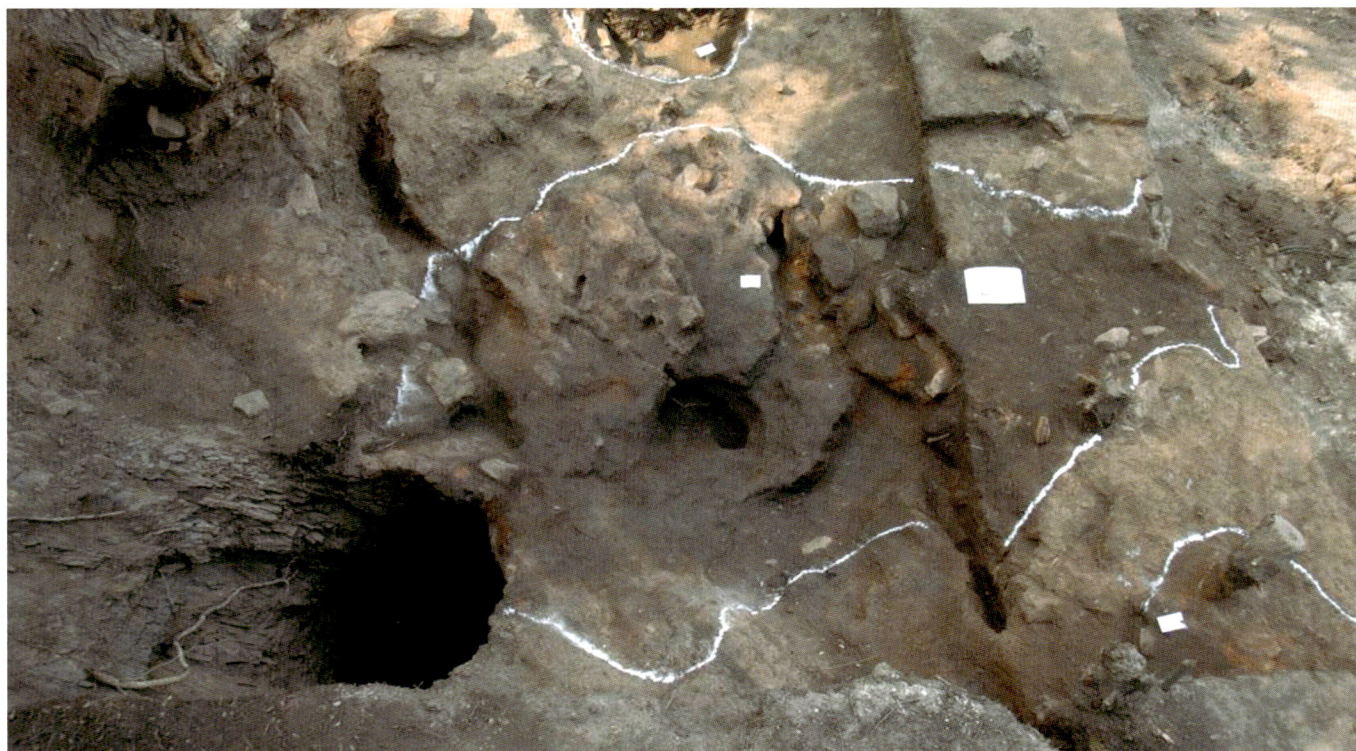

◎ 16号矿井照片

夏商先民采矿使用的工具主要是石器，如带有亚腰的锤、钎等。遗址只见采矿工具，不见农业生产工具，仅发现少量日用陶器。他们的生活物资由山外其他遗址提供。

亚腰石锤

夏商时期（约公元前 21 世纪—公元前 11 世纪）
长 13.5 厘米、宽 9.1 厘米
2011—2012 年山西省闻喜县千金耙遗址出土
中国国家博物馆石门临时库房暂藏

　　亚腰石锤是先秦时期常见的采矿工具，也是寻找早期采矿遗址的重要标志物。此件石锤带有单个亚腰，便于握持。

双亚腰石锤

夏商时期（约公元前 21 世纪—公元前 11 世纪）
长 13.3 厘米、宽 8.5 厘米
2011—2012 年山西省闻喜县千金耙遗址出土
中国国家博物馆石门临时库房暂藏

　　锤身带有两个亚腰。

21世纪初，中国国家博物馆、山西省考古研究院及运城市文物保护中心组成的联合考古队，在运城盆地区域系统调查中发现了多处冶铜遗址，西吴壁是其中内涵较为丰富的一处。2018年开始，联合考古队在西吴壁遗址发掘出丰富的冶铜遗存，为了解早期冶铜技术、生产方式、生产场景提供了丰富的资料。研究表明，西吴壁遗址冶炼所得纯铜被运送至王朝的中心都邑，用作铸造青铜器的原料。困扰学术界近百年的铜料来源之谜就此解开。

　　2020年，西吴壁遗址被评选为"2019年度全国十大考古新发现"

◎ 西吴壁遗址及远处的中条山（上为南）

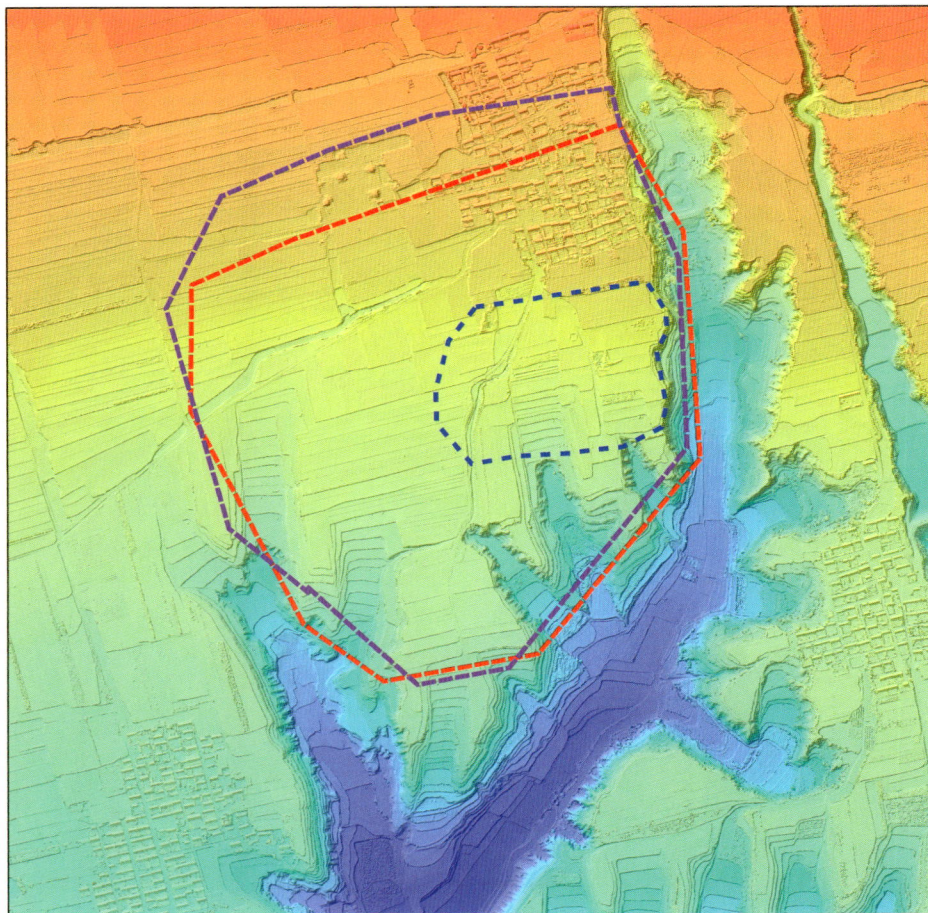

二里头期遗址范围
二里岗期遗址范围
冶铜遗存集中分布区

高程
高 ： 824.722
低 ： 698.828

0　　　　　300米

◎ 西吴壁遗址数字高程及夏商遗存
　　分布图

　　西吴壁遗址总面积约 110 万平方
米，夏商遗存分布面积约 70 万平方米，
是晋南地区已知面积最大的夏商遗址。
在遗址当中还发现有磨制石磬、刻纹
骨器、仿铜陶礼器等高等级遗物，表
明西吴壁应该具有较高等级，是区域
中心之所在。夏商时期的中心区位于
遗址东部，约 40 万平方米。中心区南
部为面积约 10 万平方米的冶铜遗存集
中分布区。

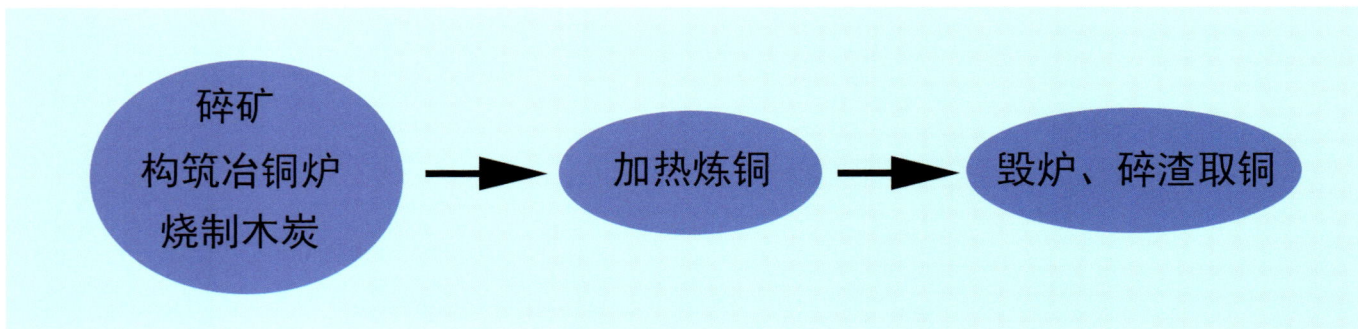

碎矿
构筑冶铜炉
烧制木炭　　→　　加热炼铜　　→　　毁炉、碎渣取铜

◎ 冶铜流程图

　　西吴壁遗址与冶铜有关的夏商遗迹种类有房址、木炭窑、祭祀坑、水井、窖穴、
灰坑等；冶铜遗物有铜矿石、残炉壁、炉渣、鼓风嘴等。此外，还发现少量用于制
作小型工具的陶、石范。

◎ 木炭窑

　　史前先民已经开始有意识地使用木炭，夏商时期更为普遍，广泛应用于冶金、取暖、防潮等。考古队员在西吴壁遗址发现一组特殊遗迹，根据民族志材料判断其为木炭窑，并通过实验考古证实这组遗迹确实具备烧制木炭的功能。这是考古工作者在中原地区发现的时代最早的木炭窑。

◎ 二里岗文化时期的水井 J1

　　在冶铜遗存集中分布区发现水井，说明遗址冶铜活动所需水资源至少有一部分来源于地下水。水井 J1 形状近圆形，井壁自开口向下逐渐收束，至 2.9 米深处向下为明显经过修整的直壁，井壁东、西两侧带有规整的脚窝，经发掘与钻探可知井深逾 15 米。

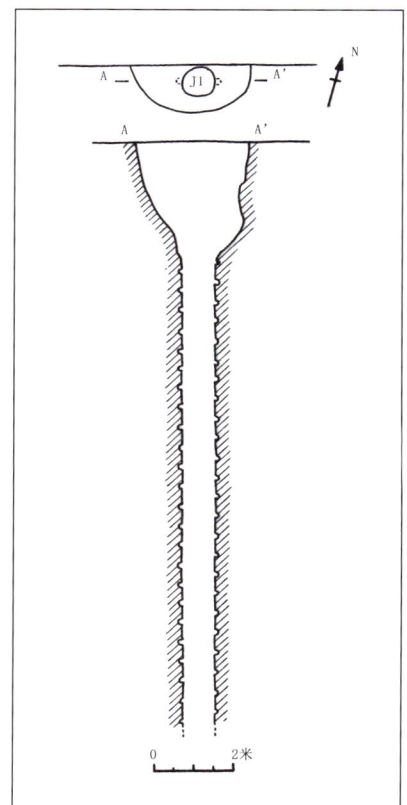

◎ 商代的冶铜炉残迹及其下方的人骨

　　分析残炉壁可知，夏商时期的冶铜炉是以泥条盘筑而成、个体较小。采用内加热的方式冶铜，将粉碎后的铜矿和燃料置于炉内，加热炼成纯铜。炉壁设有鼓风设施，以使燃料燃烧充分。在一座商代冶铜炉的正下方发现了一具人骨。这具人骨显然与冶铜炉有关，应是构筑冶铜炉过程中的杀人祭祀行为。

石锤

商前期（约公元前 16 世纪—公元前 14 世纪）
残长 10.5 厘米、直径 4 ~ 5 厘米
2018—2021 年山西省绛县西吴壁遗址出土
中国国家博物馆垣曲工作站藏

　　器身已残，握持部分呈圆柱形，锤部直径
增大，顶端略呈蒜头形。用于粉碎矿石。

石砧

商前期（约公元前 16 世纪—公元前 14 世纪）
边长 11 ~ 11.8 厘米、厚 5.3 厘米
2018—2021 年山西省绛县西吴壁遗址出土
中国国家博物馆垣曲工作站藏

　　整体呈不规则形，一面扁平，另一面中部
因长期锤打形成凹陷。与石锤配合使用。

铜矿石

商前期（约公元前 16 世纪—公元前 14 世纪）
2018—2021 年山西省绛县西吴壁遗址出土
中国国家博物馆垣曲工作站藏

　　实验室科技检测显示西吴壁遗址的冶金产品为红铜，
研究表明，遗址所用矿料为源自中条山的氧化矿石。

残陶炉壁

二里头文化东下冯类型
2018—2021 年山西省绛县西吴壁遗址出土
中国国家博物馆垣曲工作站藏

均为炉壁残块，多为炉衬部分，主体由草拌泥制成，外侧可见清晰的草秆痕迹，内侧多附有铜炼渣。

内面：

外面：

残陶坩埚壁

二里头文化东下冯类型
残长10.2厘米、宽7.3厘米、厚2.7厘米
2018—2021年山西省绛县西吴壁遗址出土
中国国家博物馆垣曲工作站藏

以陶片（或陶器）为基础，内外涂抹耐火草拌泥
形成冶铜坩埚。此件残坩埚内壁可见冶铜活动残留的
炼渣，是国内已知年代最早利用陶器炼铜的证据。

（内面）

（外面）

陶鼓风嘴

二里头文化东下冯类型
最大残径 3.2 厘米、孔径 1 厘米、残长 4.2 厘米
2018—2021 年山西省绛县西吴壁遗址出土
中国国家博物馆垣曲工作站藏

　　锥状中空形器，是连接冶铜炉内、外的重要媒
介，用于为冶铜炉鼓风，以提高炉温。

炉渣

二里头文化东下冯类型
2018—2021 年山西省绛县西吴壁遗址出土
中国国家博物馆垣曲工作站藏

　　个体大小不一，均为冶炼铜矿石所余的炉渣，外表多为铜绿色，略呈蜂窝状。

石范

二里头文化东下冯类型
残长 8.8 厘米、最大直径 9 厘米、
中空部分最大径 4.4 厘米
2018—2021 年山西省绛县西吴壁遗址出土
中国国家博物馆垣曲工作站藏

横截面略呈半圆形，外侧略经打磨，内
侧光滑，内侧中间有一道浅凹槽。此件石范
曾用于铸造工具。

陶范芯

商前期（约公元前 16 世纪—公元前 14 世纪）
残高 7 厘米
2018—2021 年山西省绛县西吴壁遗址出土
中国国家博物馆垣曲工作站藏

残存部分略呈锥形，似为铸造铜镢的范芯。

卜骨

商前期（约公元前 16 世纪—公元前 14 世纪）
2018—2021 年山西省绛县西吴壁遗址出土
中国国家博物馆垣曲工作站藏

西吴壁遗址发现的卜骨多为牛或猪的肩胛骨制成，有钻凿及灼烧痕迹，未见刻划文字。

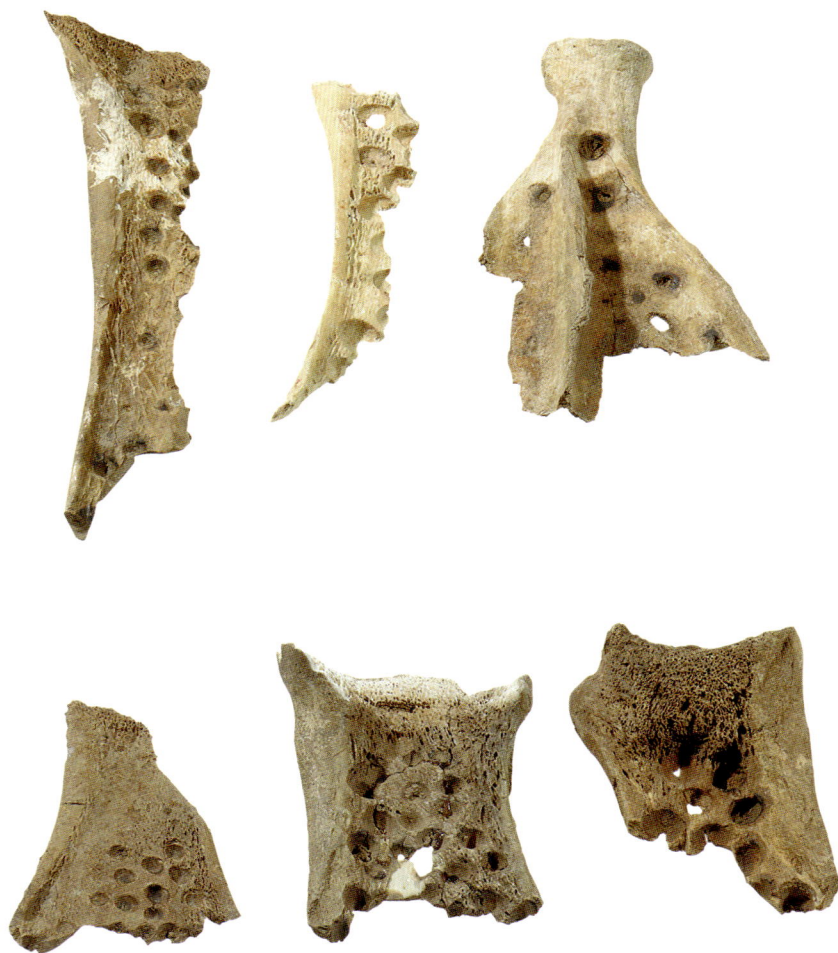

陶鼎

二里头文化东下冯类型
口径 22.4 厘米、残高 12.8 厘米
2018—2021 年山西省绛县西吴壁遗址出土
中国国家博物馆垣曲工作站藏

　　泥质灰陶，敞口，卷沿，腹下部外鼓，三足扁
平，横截面近梯形。

陶鬹

二里头文化东下冯类型
口径 14.5 厘米、高 19.5 厘米
2018—2021 年山西省绛县西吴壁遗址出土
中国国家博物馆垣曲工作站藏

　　夹砂灰陶，侈口，唇部压印出花边，高领、沿外侧绳
纹被抹，腹饰纹理略微散乱的绳纹，分档下接三锥足。

陶器盖

二里头文化东下冯类型
盖口径 32.8 厘米、高 18 厘米
2018—2021 年山西省绛县西吴璧遗址出土
中国国家博物馆垣曲工作站藏

　　盖钮较高，顶部尖突呈菌菇状，钮中部有一周凸
棱。盖面饰三组旋纹。

陶鬲

商前期（约公元前 16 世纪—公元前 14 世纪）
口径 14.8 厘米、残高 16 厘米
2018—2021 年山西省绛县西吴壁遗址出土
中国国家博物馆垣曲工作站藏

夹砂灰陶、侈口、宽折沿、方唇、缘面微上折、
束颈，颈部以下饰绳纹，分档下接三锥足。

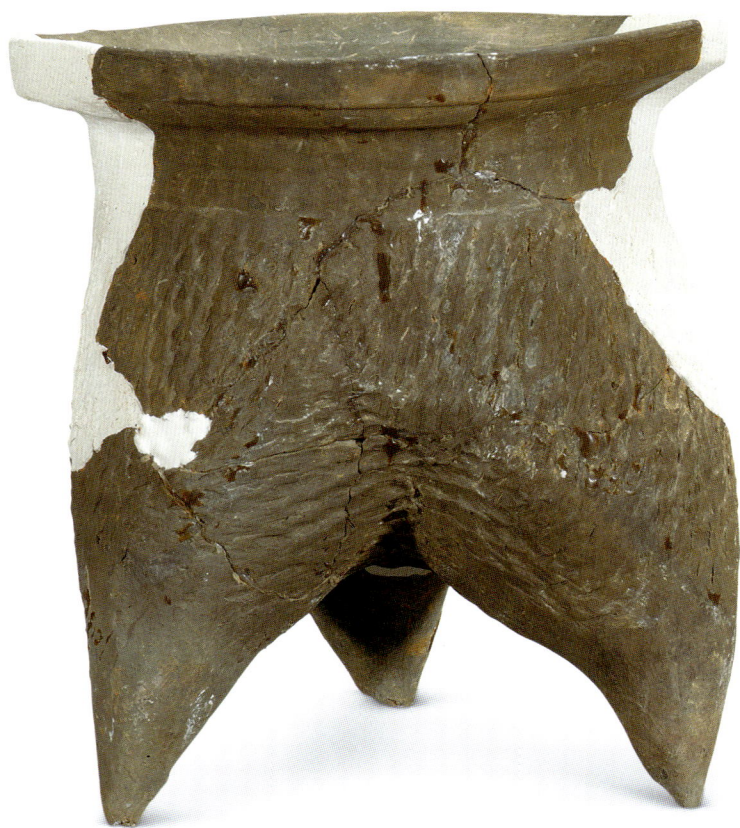

陶盆

商前期（约公元前16世纪—公元前14世纪）
口径17.3厘米、高5厘米、底径7厘米
2018—2021年山西省绛县西吴壁遗址出土
中国国家博物馆垣曲工作站藏

折沿，尖圆唇，斜腹，上腹素面，下腹饰绳纹，
平底。

骨簪帽

商前期（约公元前 16 世纪—公元前 14 世纪）
长 3.4 厘米、宽 3.3～3.9 厘米；中空部分长 3 厘米、
宽 0.77 厘米
2018—2021 年山西省绛县西吴壁遗址出土
中国国家博物馆垣曲工作站藏

    器体横截面呈扁椭圆形，中空部分横截面略呈长方形。中部刻阳线斜方格纹。此类器物还见于其他商代遗址，如郑州商城、夏县东下冯等。

陶豆

商前期（约公元前 16 世纪—公元前 14 世纪）
盘径 12.8 厘米、高 10 厘米、圈足径 8.5 厘米
2018—2021 年山西省绛县西吴壁遗址出土
中国国家博物馆垣曲工作站藏

　　泥质灰陶，圆唇，豆盘较浅，柄部中空，圈足。豆盘
及柄部各饰数周弦纹。

陶拍

商前期（约公元前 16 世纪—公元前 14 世纪）
拍面直径 8 厘米、拍柄直径 3.5 厘米、高 5.5 厘米
2018—2021 年山西省绛县西吴壁遗址出土
中国国家博物馆垣曲工作站藏

　　整体略呈蘑菇形，为一种制陶工具。

石磬

商前期（约公元前 16 世纪—公元前 14 世纪）
长 24 厘米、倨孔径 0.8 厘米、左股博残长 5.8 厘米、
右股博残长 3.5 厘米、底残长 19.5 厘米、厚 2.5 厘米
2018—2021 年山西省绛县西吴壁遗址出土
中国国家博物馆垣曲工作站藏

　　磬是中国古代打击乐器，多为石或玉制成，用木槌
敲打奏乐，多用于宫廷雅乐或盛大祭典。商代磬多为单
件大型器，使用者为高等级贵族。此件为折顶型磬，倨
勾已残，倨孔偏居倨勾左下侧，平底。

4. 五畤祭天

秦襄公立国，设西畤祭天（白帝），彰显立国为天命所归。按礼制，周代只有天子才可以祭天，诸侯只能祭祀境内山川。秦立国是周王所分封，受王命，而非天命，祭天属于僭越。但从秦襄公立西畤祭天以及陕西宝鸡太公庙出土秦公镈铭文宣称"我先祖受天命，赏宅受国"来看，秦人立国之初就显露出取代周室的雄心。

自秦文公翻越陇山进入关中后，秦相继在雍设立鄜畤、密畤、吴阳上畤、吴阳下畤，分别祭祀白帝、青帝、黄帝和炎帝。汉初承秦制，刘邦增设北畤祭祀黑帝。北畤合秦四畤并称雍五畤，成为西汉前期王朝最高的祭天祀典。汉武帝时于甘泉宫设泰畤祭祀太一，雍五畤五帝沦为佐神，地位下降。西汉晚期，儒家思想成为执政的主导思想，为适应大一统王朝的统治，改革礼制的呼声越来越高，雍五畤祭祀时废时兴。新莽时彻底废止。

2004 年，礼县鸾亭山遗址在考古调查中被发现，并于当年进行考古发掘，发现祭坛、动物牺牲祭祀坑和玉人、圭、璧等祭祀用玉组合，初步判断该遗址为汉代西畤。根据鸾亭山发现的经验，自 2015 年起，相继在陕西宝鸡凤翔发现雍山血池遗址、在陈仓发现吴山和下站遗址。

（1）西畤祭天

公元前 770 年，秦襄公护送平王东迁有功，被封为诸侯，赐之岐以西之地。襄公立国设西畤，用骝驹、黄牛、羝羊三牲祭祀白帝。

鸾亭山遗址位于甘肃礼县县城西北鸾亭山山顶、海拔 1700 米，向南与西山遗址隔沟相望。2004 年发掘发现夯土祭坛、牺牲祭祀坑，出土 50 余件玉人、圭、璧等祭祀用玉遗物，是汉代皇家祭天所在，为寻找秦襄公所立西畤提供了重要线索。

◎ 鸢亭山俯瞰西山遗址

◎ 鸢亭山遗址高空影像

玉人（男性）

西汉晚期
长 12.3 厘米、宽 2.4 厘米、厚 0.4 厘米
2004 年甘肃省礼县鸾亭山遗址出土
甘肃省礼县甘肃秦文化博物馆藏

　　青玉，半透明，长方形片状，为一成年男子造型。头顶右侧束偏髻，长方脸，阴刻五官、弯眉、大眼、直鼻、阔口，唇部上刻八字胡、下刻三道胡须，方肩，腰部阴刻菱格纹腰带。有学者认为，在鸾亭山遗址、血池遗址、吴山遗址等秦汉国家祭祀遗址中出土的玉人，象征了在祭祀活动中扮演重要角色的巫师，起着引导候神的作用。

玉人（女性）

西汉晚期
长 11.7 厘米、宽 2.4 厘米、厚 0.5 厘米
2004 年甘肃省礼县鸾亭山遗址出土
甘肃省礼县甘肃秦文化博物馆藏

　　青玉，半透明，长方形片状，为一成年女子造型。平顶、圆脸，阴刻五官、弯眉、大眼、直鼻、阔口，斜肩，腰部以阴刻单线为腰带。

玉圭

西汉晚期
长 9.3 厘米、宽 2.3 厘米、厚 0.5 厘米
2004 年甘肃省礼县鸾亭山遗址出土
甘肃省礼县甘肃秦文化博物馆藏

　　青玉。三角形端，方形尾，下部
饰一横向阴刻单线。《周礼》记载周、
秦、汉以玉为六瑞，祭祀天地四方。圭
是六瑞之一，用于祭祀东方神。

玉璧

西汉晚期
直径 21.4 厘米、好径 3.7 厘米、厚 0.5 厘米
2004 年甘肃省礼县鸾亭山遗址出土
甘肃省礼县甘肃秦文化博物馆藏

　　青玉。以双阴线内刻斜线纹将玉璧分为内、外两区，内区孔外缘为一周阴线，外区为四组交龙纹。《周礼》记载周、秦、汉以玉为六瑞，祭祀天地四方。璧是六瑞之一，用于祭祀天神。

"长乐未央" 瓦当

西汉晚期
直径 15 厘米、厚 2.4 厘米、筒瓦残长 3 厘米
2004 年甘肃省礼县鸾亭山遗址出土
甘肃省礼县甘肃秦文化博物馆藏

  灰陶。当面边轮略宽，较规整，内有一周凸弦纹，双线界格将当面四分。当心大圆点，外饰一周凸弦纹。四分界格内饰阳文篆书四字，每字两端各饰一个小乳钉。汉代，长乐宫为太后所居，但"长乐未央"并非长乐宫瓦当，而是一句吉语。

（2）下畤祭天

秦灵公三年（公元前 422 年）设吴阳上畤祭黄帝、下畤祭炎帝。

吴山遗址位于陕西省宝鸡市陈仓区新街镇庙川村北、吴山主峰东侧的山前台地上，遗址面积约 8 万平方米。2018 年发掘发现车马祭祀坑 8 座，出土 6 组玉人、玉琮祭祀用玉组合。除祭祀用玉外，铁锸作为祭品出现在祭祀坑中具有特殊的含义，表明该遗址祭祀的对象与农业相关。炎帝号神农氏，是传说中的农神，所以判断遗址为祭祀炎帝的吴阳下畤。

遗址入围 2018 年中国重要考古发现。

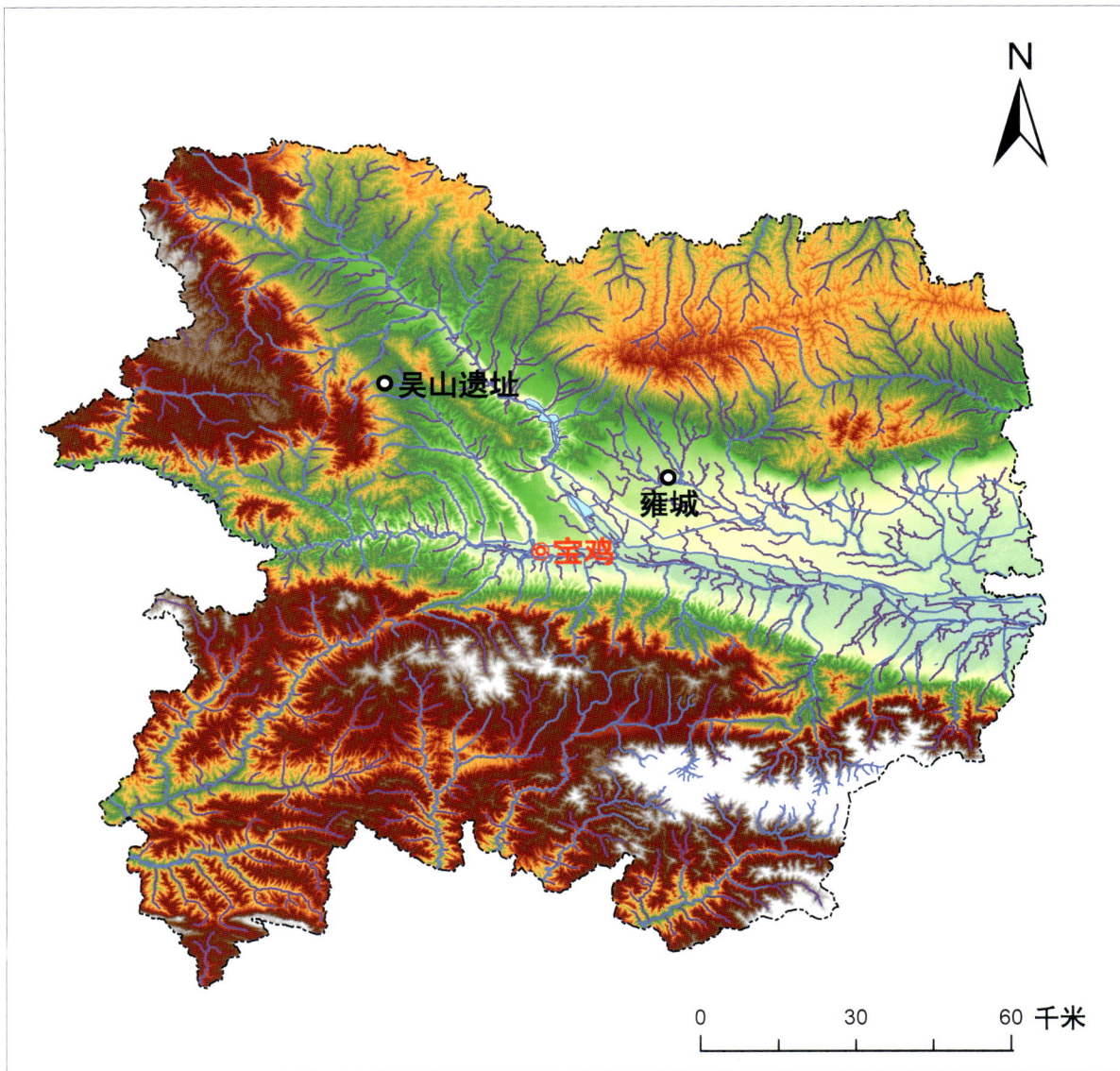

◎ 吴山遗址位置图

◎ 吴山遗址发掘区正射影像图

◎ 吴山遗址祭祀坑（K3）

玉人（男性）

战国至西汉时期
长 12.3 厘米、宽 2.4 厘米、厚 0.4 厘米
2018 年陕西省宝鸡市吴山遗址出土
陕西省宝鸡市陈仓区博物馆藏

  青玉，长条形片状。为一成年男子造型，头顶左侧束偏髻，长方脸，阴刻五官，弯眉、大眼、直鼻、阔口。腰部刻画菱格纹博带，宽0.57厘米。背面中部阴刻菱格纹博带，宽0.55厘米。表面残留朱砂。

玉人（女性）

战国至西汉时期
长 11.8 厘米、宽 2.3 厘米、厚 0.5 厘米
2018 年陕西省宝鸡市吴山遗址出土
陕西省宝鸡市陈仓区博物馆藏

　　青玉，长条形片状。为一成年女子造型，圆脸，
阴刻五官，弯眉、大眼、直鼻、阔口。腰部阴刻菱格纹
博带，表面局部残留朱砂。

玉琮

战国至西汉时期
边长 6.9 厘米、厚 0.6 厘米
2018 年陕西省宝鸡市吴山遗址出土
陕西省宝鸡市陈仓区博物馆藏

　　青玉，正方形片状，中间有一小
圆孔，表面残留朱砂，素面。

半两钱

战国至西汉时期
直径 2.5 厘米、厚 0.1 厘米
2018 年陕西省宝鸡市吴山遗址出土
陕西省宝鸡市陈仓区博物馆藏

　　铜质，圆形方孔，内外无郭。

铁锸

战国至西汉时期
边长 13.1 厘米、宽 6.2 厘米
2018 年陕西省宝鸡市吴山遗址出土
陕西省宝鸡市陈仓区博物馆藏

　　直口一字形、长方形銎口，锈蚀严重。铁锸即
耒，农具。《释名》记载耒是插地起土的农具，相传为
神农氏所做。秦汉时多为铁质。

（3）北畤祭天

汉高祖二年（公元前 205 年）在秦四畤的基础上增设北畤，祭祀黑帝。北畤与故秦四畤合称雍五畤。五畤祭天是西汉前期国家祭天的最高典礼。刘邦悉召故秦祝官，复置太祝、太宰，如其故仪礼。不仅完全照搬了秦的祭天礼仪，还继续任用以前的祭祀官员。

血池遗址发现于 2015 年，2016 年至 2018 年进行了持续三年的勘探和发掘。勘探发现遗址总面积达 470 万平方米，各类祭祀坑 3000 余座，出土大量祭祀用玉器、车马器及其他各类遗物达数千件，其中所见"上畤""下畤"陶文均是首次发现。综合分析文献和出土遗迹、遗物资料，初步判断血池遗址是高祖所建北畤。

玉人（男性）

西汉（公元前 202—公元 8 年）
长 7.4 厘米、宽 1.4 厘米、厚 0.4 厘米
陕西省宝鸡市凤翔血池遗址出土
陕西省考古研究院藏

青玉，浅绿色偏黄。长方形片状，为一成年男子造型。头顶右侧束偏髻，长方脸，阴刻五官，弯眉、大眼、直鼻、阔口，唇部上刻八字须、下刻三道胡须，斜肩。腰部阴刻菱格纹博带。

玉人（女性）

西汉（公元前 202—公元 8 年）
长 6.1 厘米、宽 1.7 厘米、厚 0.3 厘米
陕西省宝鸡市凤翔血池遗址出土
陕西省考古研究院藏

　　青玉，浅绿色偏黄。长方形片状，为一成年女子造型。圆脸，阴刻五官、弯眉、大眼、短鼻、阔口、斜肩，腰部以阴刻单线为腰带。

玉琮

西汉（公元前 202—公元 8 年）
长 3.1 厘米、宽 3 厘米、厚 0.3 厘米、
孔径 0.2 厘米
陕西省宝鸡市凤翔血池遗址出土
陕西省考古研究院藏

　　青玉，黄绿色。方形片状，玉
璧改制而成，一角略有残缺。
　　《周礼》记载周、秦、汉以玉
为六瑞，祭祀天地四方。琮是六瑞之
一，祭祀地神。

玉璜

西汉（公元前 202—公元 8 年）
长 9.4 厘米、宽 2.4 厘米、
厚 0.3 厘米
陕西省宝鸡市凤翔血池遗址出土
陕西省考古研究院藏

　　青玉，黄绿色。表面近边缘处
有一圈线刻，中央饰三道"V"形
折线纹。
　　璜是六瑞之一，祭祀北方神。

"竹宫"陶片

西汉（公元前 202—公元 8 年）
长 30.8 厘米、宽 10 厘米
陕西省宝鸡市凤翔血池遗址出土
陕西省考古研究院藏

　　此器为陶缸口沿及肩部的残片。敛口，宽平沿，鼓肩。文字刻划于肩部，上下排列，为"竹宫"二字，"竹"字左半部残。《汉书·礼乐志》记载："夜常有神光如流星止集于祠坛，天子自竹宫而望拜。"韦昭以为竹宫是"以竹为宫，天子居中"，颜师古引《汉旧仪》记载，竹宫离祭祀祠坛三里。据以上判断，竹宫应是皇帝祭天时的斋宫或祭拜场所。

"下畤" 陶片

西汉（公元前 202—公元 8 年）
长 51.4 厘米、宽 25.2 厘米
陕西省宝鸡市凤翔血池遗址出土
陕西省考古研究院藏

　　陶缸口沿及肩腹部残片，敛口、宽平沿。鼓肩。文字刻划于肩腹部，上下排列，左侧为"下畤"二字，右侧为"下祠"二字，"畤"字略残。《史记·封禅书》记载秦灵公设吴阳下畤祭炎帝。

第三组 |科|技|与|环|境|考|古

在考古调查、发掘、资料整理等阶段坚持学术引领、科技支撑，是国博考古的优良传统。新时代以来，国博考古在科技创新应用方面积极进取，并于 2018 年在考古院成立科技考古研究所，研究方向除以往遥感与航空摄影考古外，还拓展了动物、植物、体质人类学及冶金考古、同位素分析等。此外，国博积极发展环境考古，成立了环境考古研究所，致力于沿海及内陆的自然环境演变及其与人类经济、社会、文化关系的研究。新时代以来，国博开展考古工作的手段与方法明显丰富起来，倡导多学科、跨学科合作研究，稳步提高对考古遗存的科技分析与研究能力。

1. 科技考古

科技考古研究注重利用各种现代科学技术手段，依托田野考古工作，实现重大科学问题的联合攻关和科技考古方法的创新，支撑和保障多学科综合考古研究，提升考古学的学科体系建设水平。国博的科技考古目前已经初具规模，形成了一支朝气蓬勃的科研队伍，正推动国博考古研究向科学化、数字化、国际化的方向迈进。

◎ 2018 年石头城遗址航测

中国国家博物馆与新疆喀什博物馆合作，于 2018 年、2019 年在新疆喀什地区利用无人机对喀什市区、巴楚县、塔什库尔干县等地进行航摄调查，新发现一系列古代遗迹。尤其是 2019 年在巴楚县牙喀库都克荒漠区新发现两处直径 100 米左右的圆形遗迹，以及大面积田畦、井渠、水窖等农业遗迹和陶窑址，为探索唐代西域屯田提供了重要的实物依据。

Cu 100.00

S 19.22
Fe 10.16 →
Cu 70.61

O 10.57
Fe 89.43

| 20 μm* | EHT = 20.00 kV | Signal A = CZ BSD | ZEISS |
| WD = 14.0 mm | Mag = 1.30 K X | |

◎ 西吴壁遗址出土炉渣扫描电镜图像

◎ CN 稳定同位素分析，骨胶原提取实验

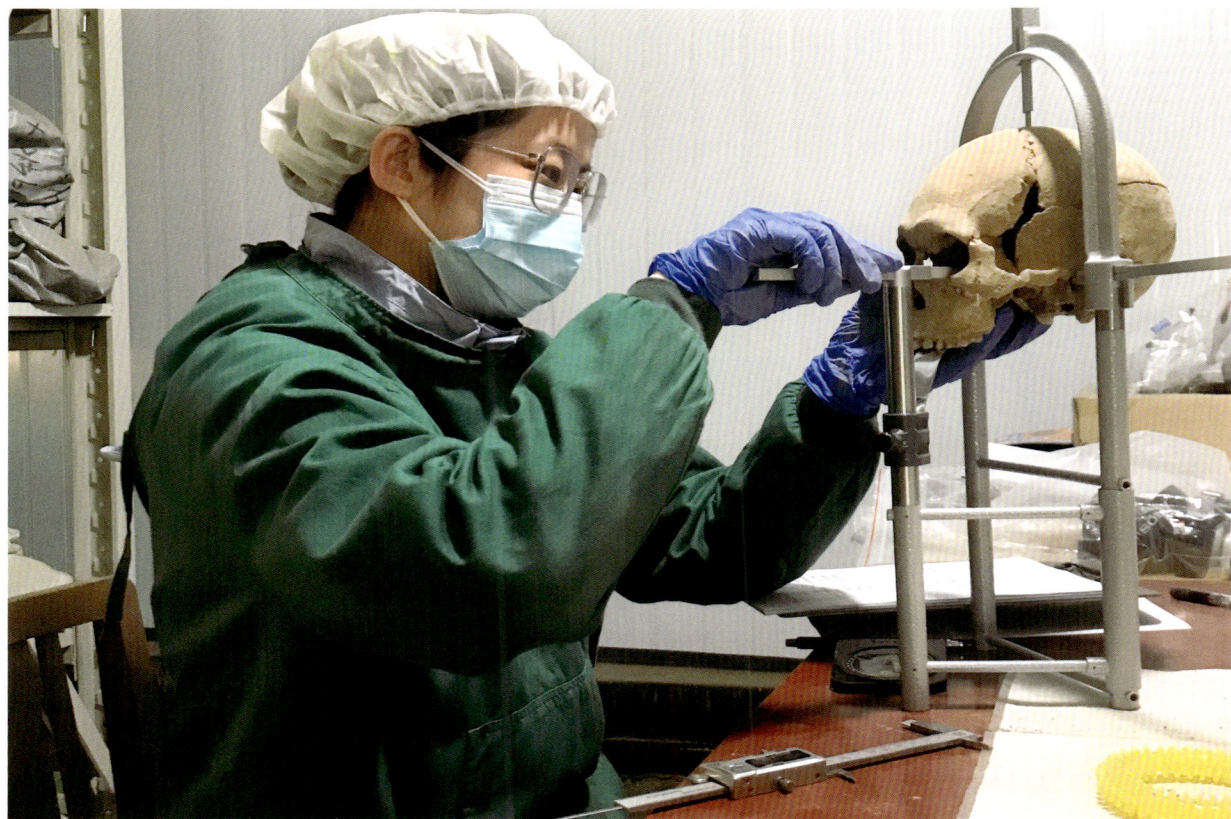

◎ 人骨研究，利用摩里逊定颅仪进行测量

巨副驼骨架

旧石器时代早期（距今约 180 万年）
体长 4.5 米、体宽 1 米、头高 3.2 米
辽宁省大连市金远洞遗址出土
大连金普新区管理委员会藏

巨副驼是副驼属的属型种，是唯一属种均以中国材料为模式的骆驼。百余年来，巨副驼零星发现于旧大陆北部，北美也有报道。金普金远洞遗址发现至少45件巨副驼化石，最小个体数5，是该种最丰富的遗存。中国国家博物馆学者主持了巨副驼研究，复原出

该种全球唯一骨架，头高超3米，体型约1.5倍于双峰驼，大于北美几类大型骆驼，为地球史最大骆驼。

金普金远洞遗址堆积规模巨大，内涵丰富。已在该遗址上部堆积发现火塘、石制品等遗迹遗物，铀系法测年结果为距今35—56万年，与北京周口店猿人遗址大体相当。该遗址下部所见最古老沉积为距今360万年，包含了晚新生代以来几乎完整的生物地层序列，具有寻找早期人类化石及其文化遗存的巨大前景。该遗址将有力支持东北甚至东亚哺乳动物和古人类起源、演化、扩散及环境背景研究，国内外多家科研机构和高校正在对其进行持续深入研究。

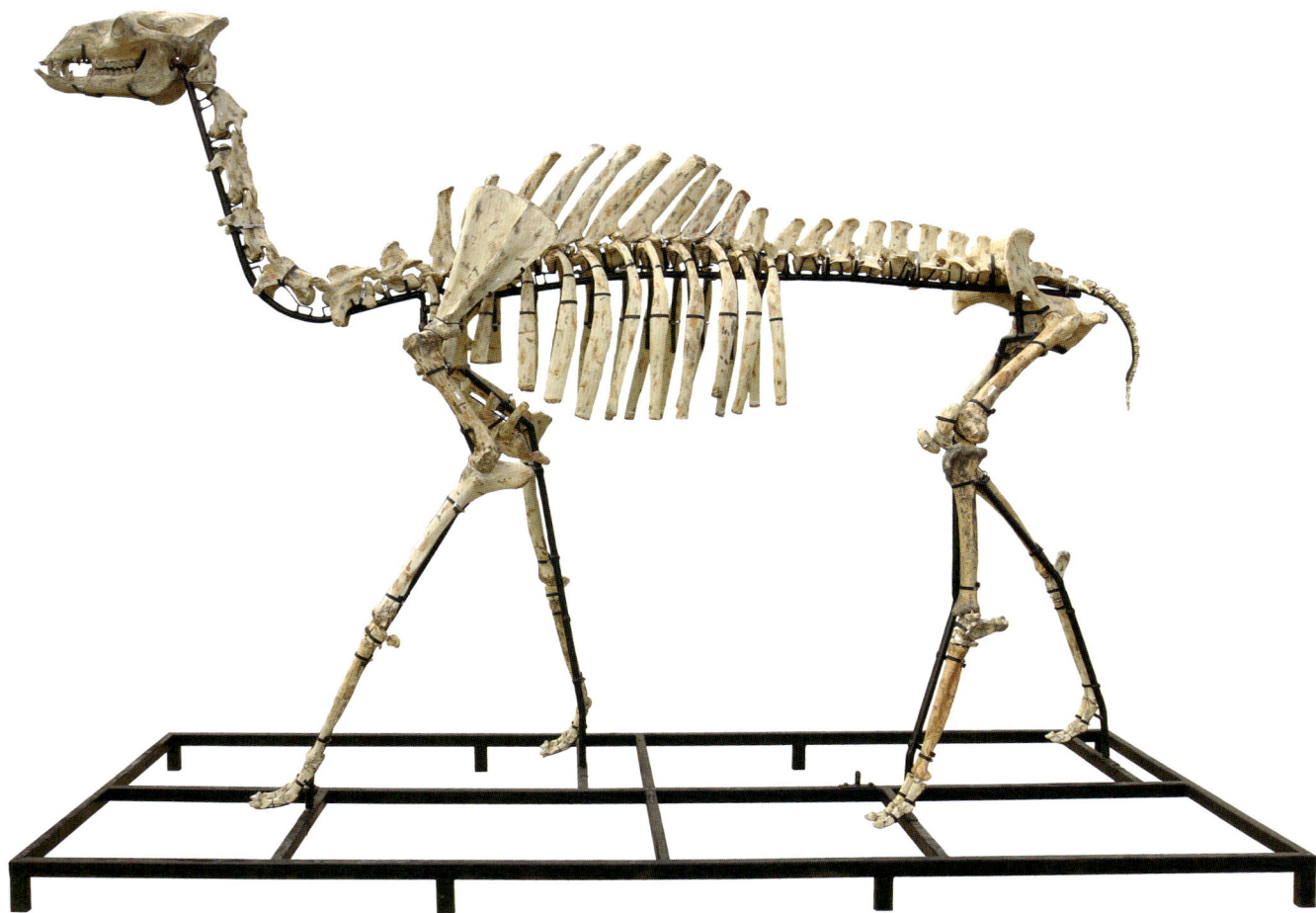

2. 环境考古

1990年，中国科学院地质研究所、中国历史博物馆、陕西省考古研究所、中国科学院西安黄土与第四纪实验室组织召开"中国环境考古学术讨论会"，随后出版了《环境考古研究》第一辑，这是中国环境考古科学发展史上的里程碑，也是中国考古学步入综合研究时代的重要标志之一。1991年起，中国历史博物馆在渑池班村遗址开展多学科考古工作，环境考古研究是其中的重要组成部分。

2018年，中国国家博物馆在考古院设立环境考古研究所。2020年，依托环境考古研究，中国国家博物馆与昌邑市博物馆合作共建"国博考古院山东（昌邑）考古工作站"。2019年以来，中国国家博物馆与山东省水下考古研究中心及山东大学开展"山东北部沿海地区更新世晚期以来的环境演变与人类适应"课题研究，致力于立足区域古海岸线调查与自然沉积物分析，重建区域植被演化历史与古环境演变过程；基于区域考古调查、钻探与发掘，开展实验分析，重建地方性植被景观与环境特征，揭示深受海洋影响的人地关系，为探讨新阶段环境考古学的发展提供范例。

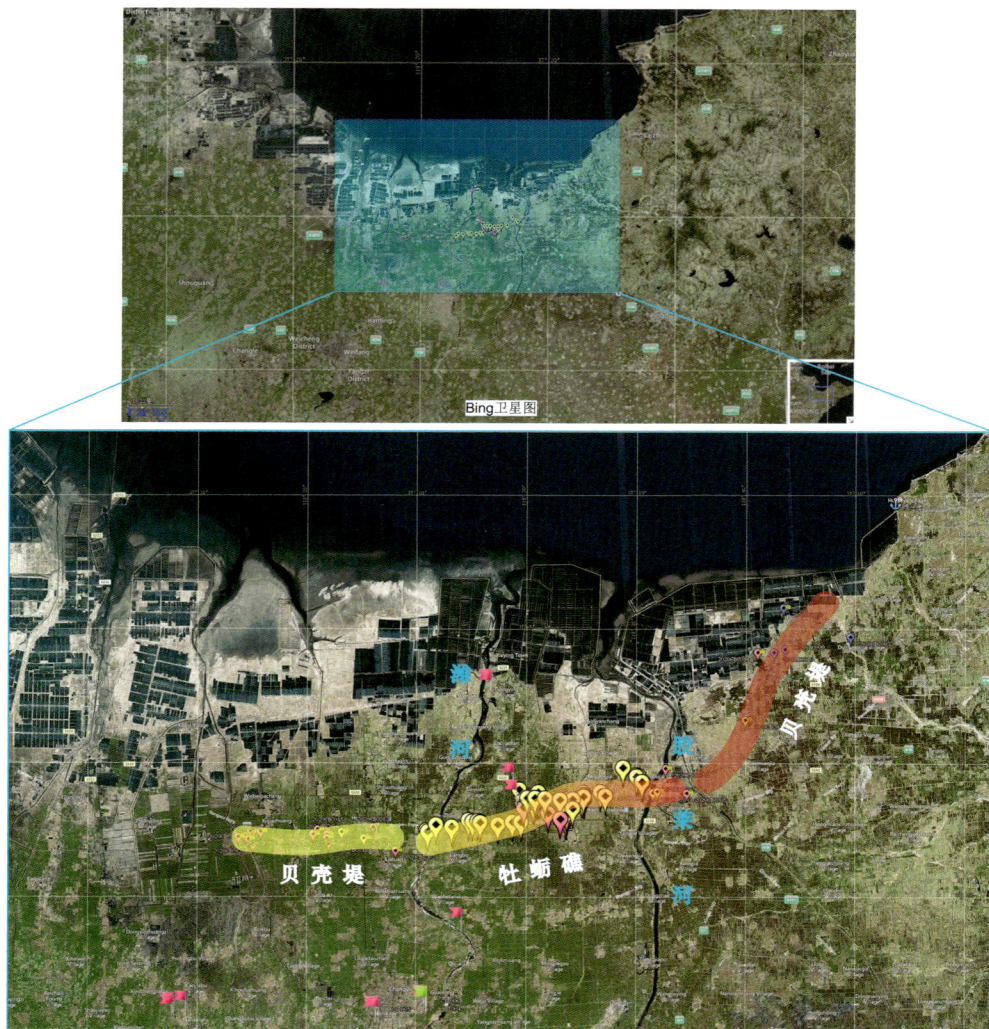

◎ 莱州湾南岸2019—2020年调查区域与调查点分布情况

2019—2020年，中国国家博物馆、山东省水下考古研究中心、山东大学及昌邑市博物馆组成联合考古队，先后开展多次野外调查工作，实现对试点调查区域的野外信息采集与部分环境、测年、动植物样品的采集与初步分析。

昌邑市境内潍河和胶莱河之间约15公里范围内初步厘清一条古牡蛎礁分布范围与走向，年代约公元前4550—3050年，暂定名"潍胶牡蛎礁"。

◎ 李戈庄动物化石地点剖面

　　昌邑李戈庄动物化石地点的发现为研究更新世晚期区域环境景观、动物种群及人类活动提供重要线索。动物化石地点的初步清理过程中采集了各类古环境分析样品，主要包括剖面柱状微体分析土样、浮选土样、光释光测年样品、碳十四测年样品等。

◎ 李戈庄动物化石地点采集柱状土样（左）与光释光测年样品（右）

第四组 | **春** | **华** | **秋** | **实** |

　　百余年来，国博考古人积极整理、及时刊布考古资料，发表考古简报，出版发掘报告；围绕自身工作开展学术研究，在国内外学术刊物发表论文数百篇，出版专著数十部，为研究中华文明的起源与发展，以及相关领域的学术问题做出了重要贡献。

1. 厚植根基

　　考古调查、发掘报告是开展考古研究的基础资料。多年来，国博考古工作者撰写了大量考古报告，为学界提供了一批可靠的基础材料，为中国考古学的发展做出了积极的贡献。

历年来国博考古部门主持和参与编写的大型考古调查、发掘报告

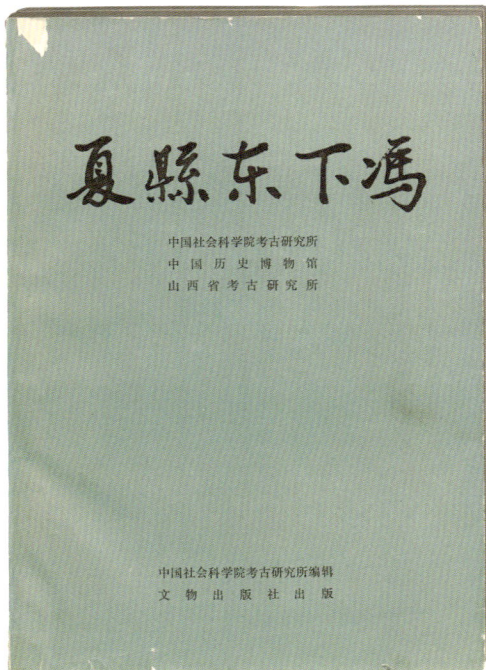

1. 中国社会科学院考古研究所，中国历史博物馆，山西省考古研究所编著：《夏县东下冯》，文物出版社，1988 年。

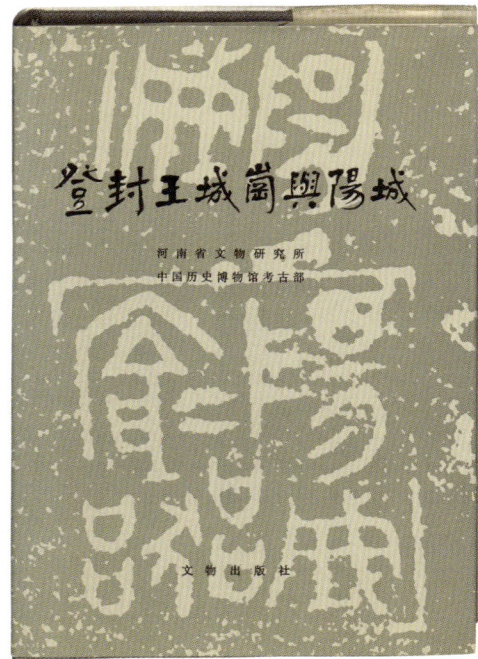

2. 河南省文物研究所，中国历史博物馆考古部编著：《登封王城岗与阳城》，文物出版社，1992 年。

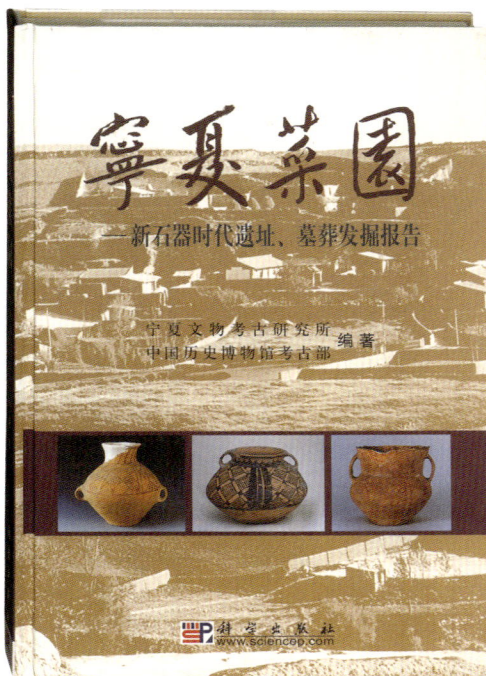

3. 宁夏文物考古研究所，中国历史博物馆考古部编著：《宁夏菜园：新石器时代遗址、墓葬发掘报告》，科学出版社，2003 年。

4. 国家文物局三峡考古队编著：《朝天嘴与中堡岛》，文物出版社，2001 年。

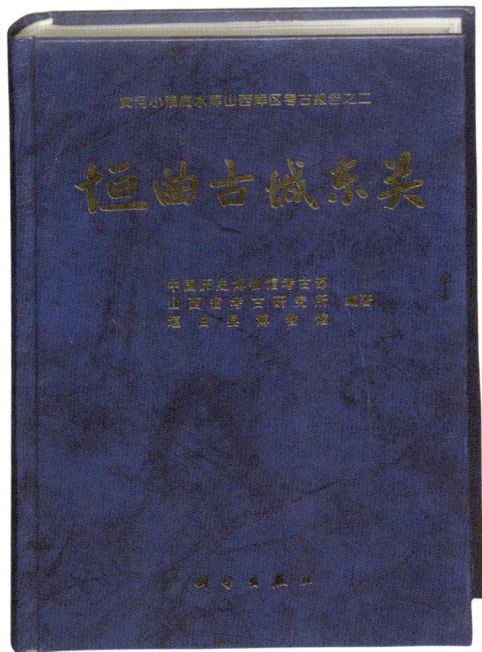

5. 中国历史博物馆考古部，山西省考古研究所，垣曲
县博物馆编著：《垣曲古城东关》，科学出版社，
2001年。

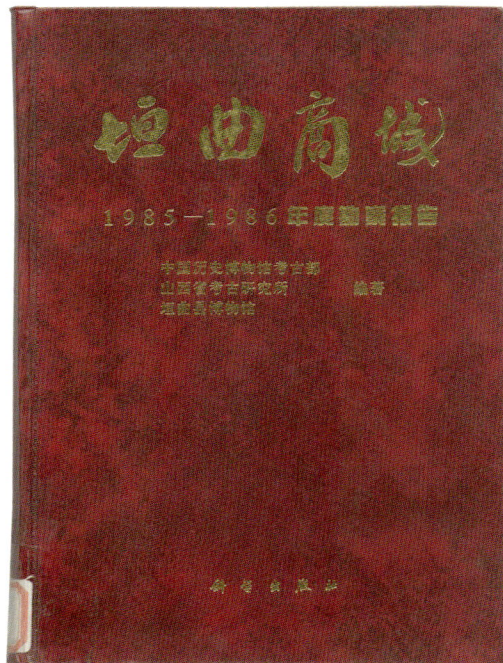

6. 中国历史博物馆考古部，山西省考古研究所，垣曲县博
物馆编著：《垣曲商城（一）1985—1986年度勘察报
告》，科学出版社，1996年。

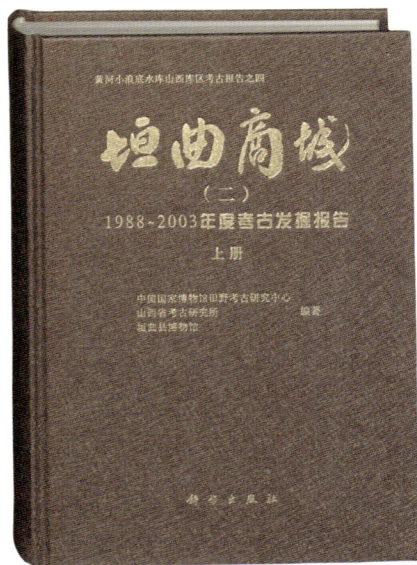

7. 中国国家博物馆田野考古研究中心，山西省考古研究所，垣曲县博物馆编
著：《垣曲商城（二）1988—2003年度考古发掘报告》，科学出版社，
2014年。

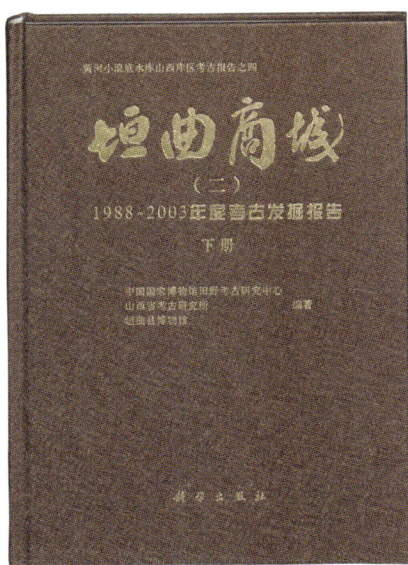

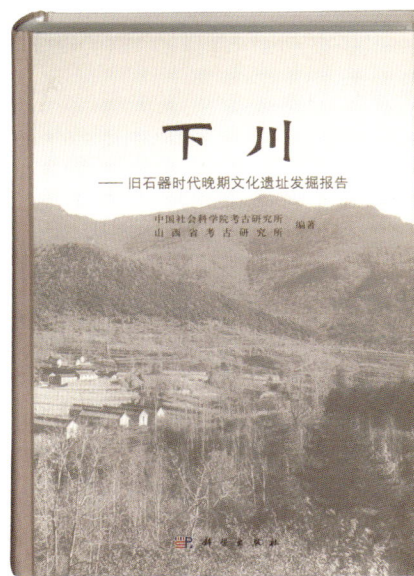

8. 中国社会科学院考古研究所，山西省考古研
究所编著：《下川：旧石器时代晚期文化遗
址发掘报告》，科学出版社，2016年。

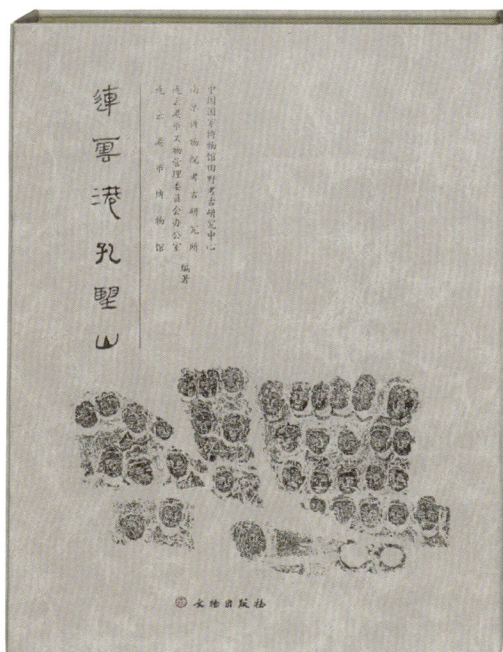

9. 中国国家博物馆田野考古研究中心，南京博物院考古研究所，连云港市文物管理委员会办公室等编著：《连云港孔望山》，文物出版社，2010年。

10. 中国国家博物馆考古部编著：《垣曲盆地聚落考古研究》，科学出版社，2007年。

11. 中国国家博物馆田野考古研究中心，山西省考古研究所，运城市文物保护研究所编著：《运城盆地东部聚落考古调查与研究》，文物出版社，2011年。

12. 中国国家博物馆田野考古研究中心，山东大学考古学系编著：《山东薛河流域系统考古调查报告》，科学出版社，2016年。

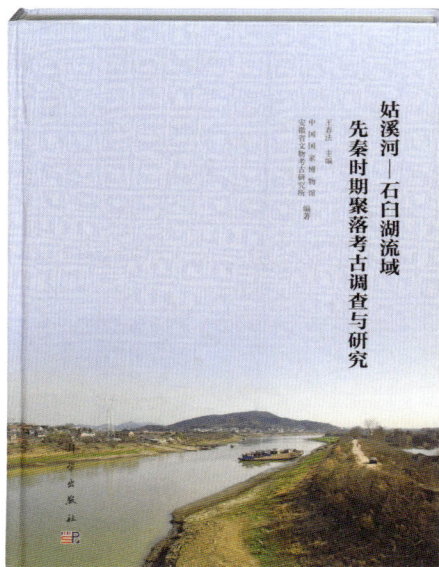

13. 王春法主编；中国国家博物馆，安徽省文物考古研究所编著：《姑溪河—石臼湖流域先秦时期聚落考古调查与研究》，科学出版社，2019年。

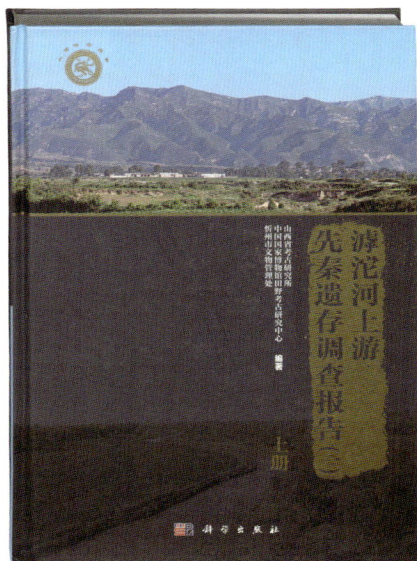

14. 山西省考古研究所，中国国家博物馆田野考古研究中心，忻州市文物管理处编著：《滹沱河上游先秦遗存调查报告（一）》，科学出版社，2012年。

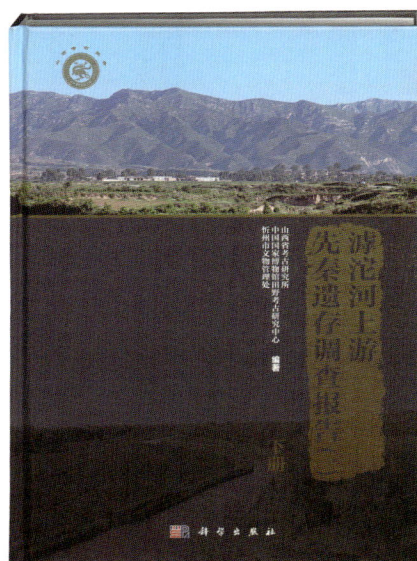

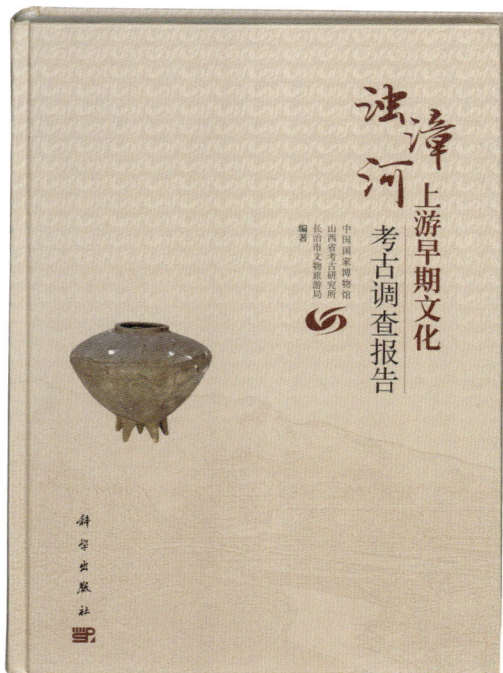

15. 中国国家博物馆，山西省考古研究所，长治市文物旅游局编著：《浊漳河上游早期文化考古调查报告》，科学出版社，2015年。

16. 甘肃省文物考古研究所，中国国家博物馆，北京大学考古文博学院等编：《西汉水上游考古调查报告》，文物出版社，2008年。

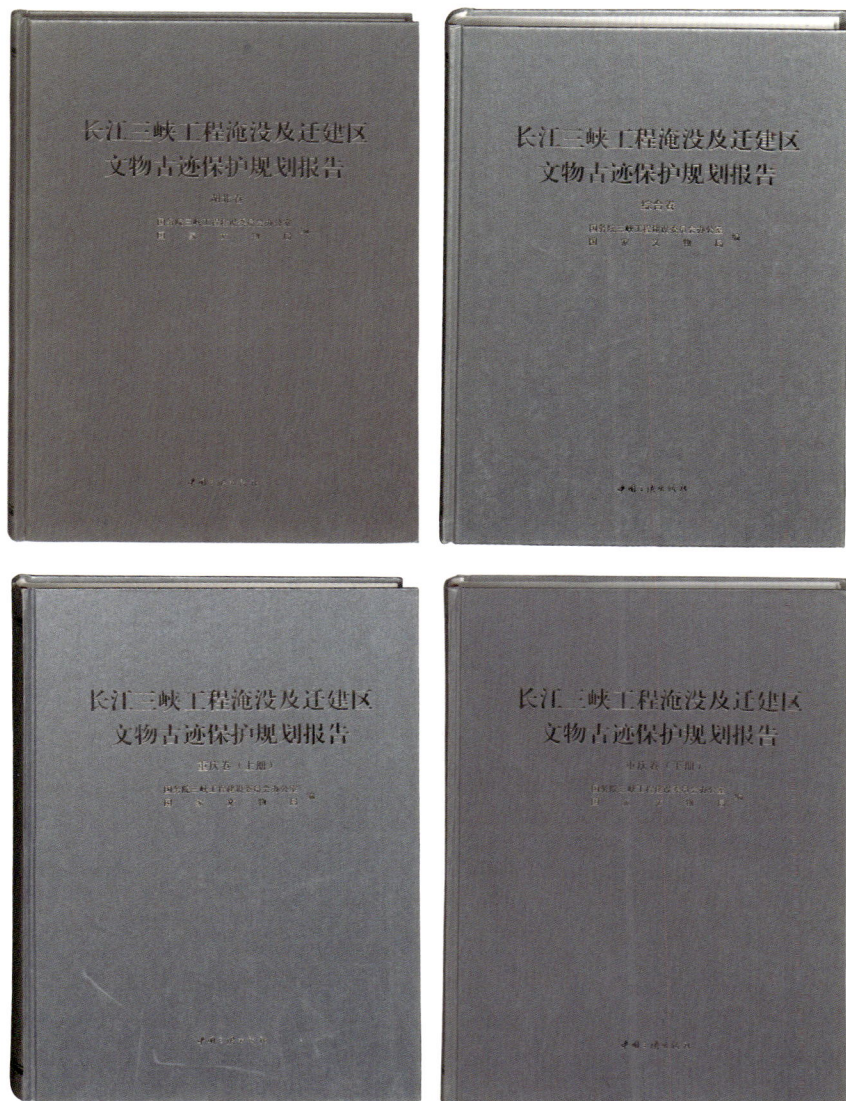

17. 国务院三峡工程建设委员会办公室，国家文物局编：《长江三峡工程淹没及迁建区文物古迹保护规划报告》，中国三峡出版社，2010年。

18. 中国国家博物馆编：《中国国家博物馆馆藏文物研究丛书·瓦当卷》，上海古籍出版社，2019年。

历年来国博水下考古工作的系统成果

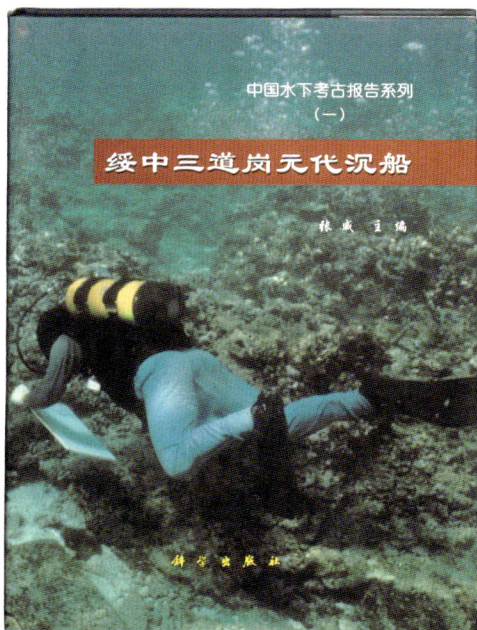

1. 张威主编：《绥中三道岗元代沉船》，科学出版社，
   2001 年。

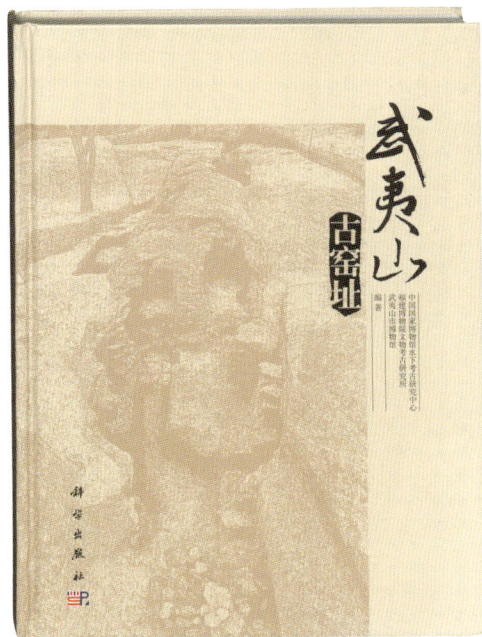

2. 中国国家博物馆水下考古研究中心，福建博物院文物
   考古研究所，武夷山市博物馆编著：《武夷山古窑
   址》，科学出版社，2015 年。

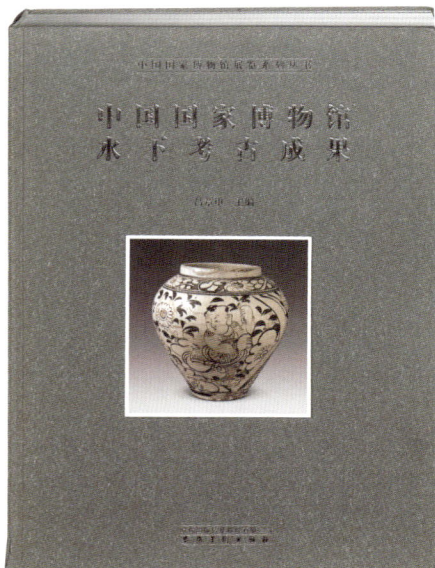

3. 吕章申主编：《中国国家博物馆水下考古
   成果》，安徽美术出版社，2015 年。

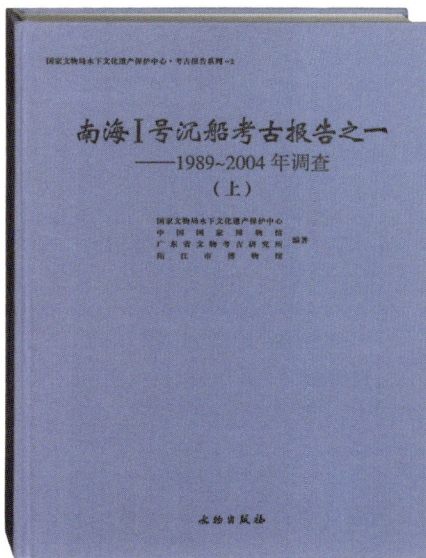

4. 国家文物局水下文化遗产保护中心等编著：《南海Ⅰ号沉船考古报告之
   一：1989—2004 年调查》，文物出版社，2017 年。

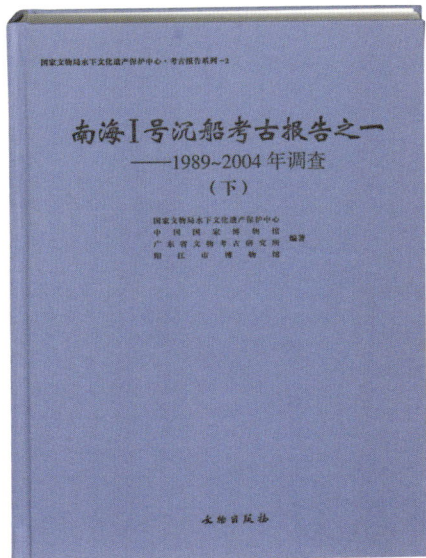

5. 中国国家博物馆水下考古研究中心，海南省文物保护
　　管理办公室编著：《西沙水下考古（1998-1999）》，
　　科学出版社，2006 年。

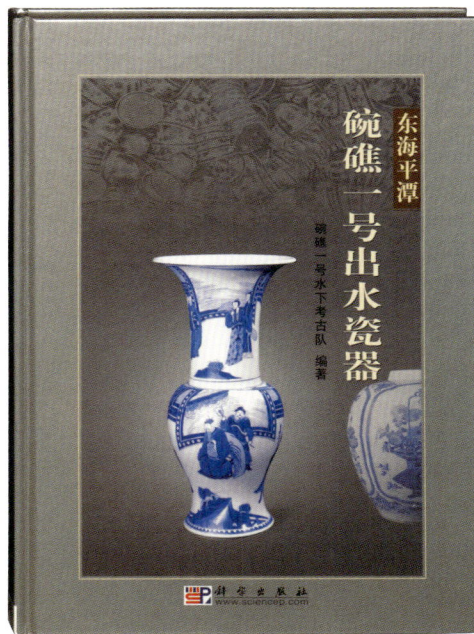

6. 碗礁一号水下考古对编著：《东海平潭碗礁一号出水
　　瓷器》，科学出版社，2006 年。

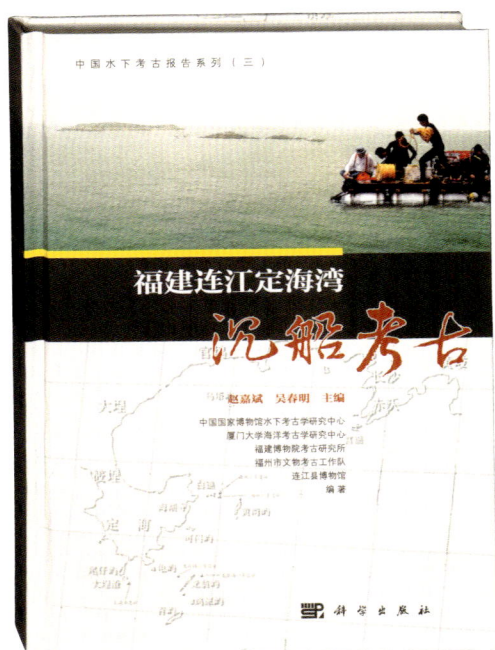

7. 中国国家博物馆水下考古研究中心等编著：《福建连
　　江定海湾沉船考古》，科学出版社，2011 年。

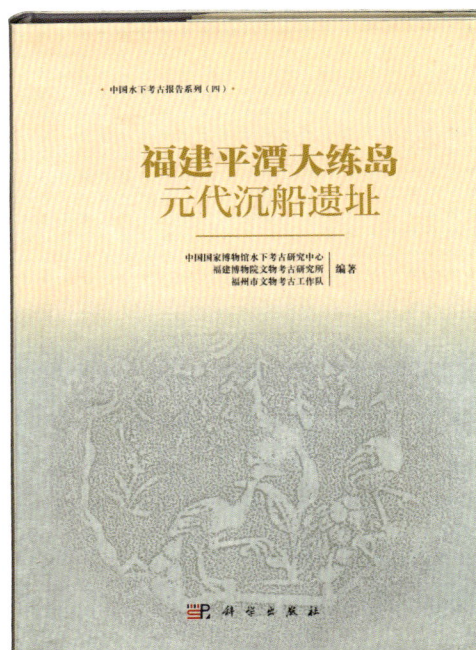

8. 中国国家博物馆水下考古研究中心等编著：《福建平
　　潭大练岛元代沉船遗址》，科学出版社，2014 年。

历年来国博遥感考古工作的系统成果

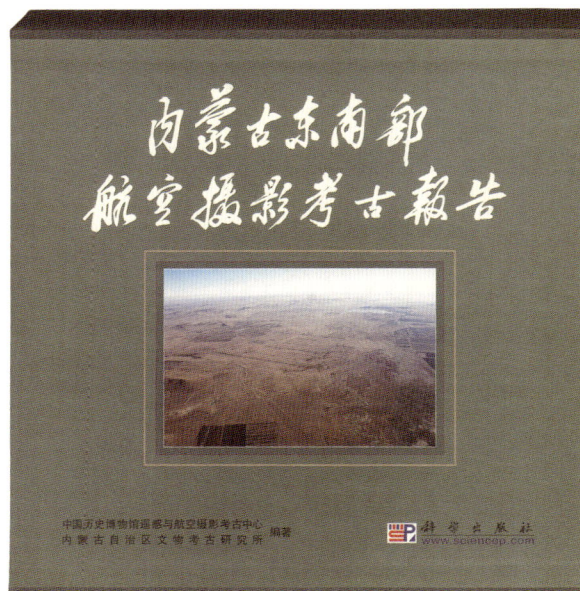

1. 中国历史博物馆遥感与航空摄影考古中心，内蒙古自治区文物考古研究所编著：《内蒙古东南部航空摄影考古报告》，科学出版社，2002 年。

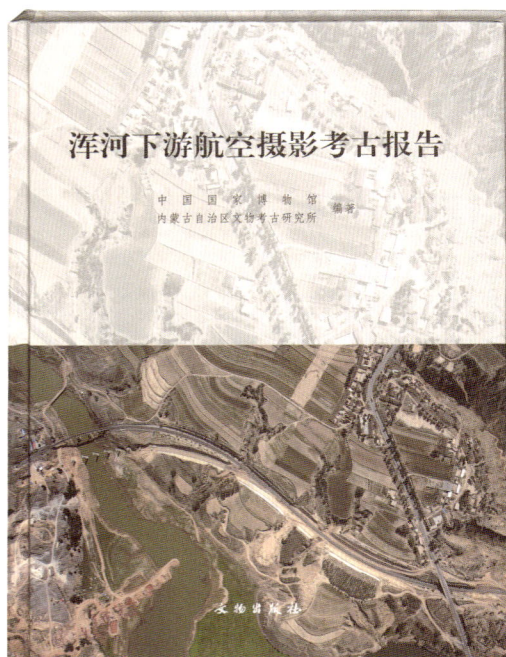

2. 中国国家博物馆，内蒙古自治区文物考古研究所编著：《浑河下游航空摄影考古报告》，文物出版社，2012 年。

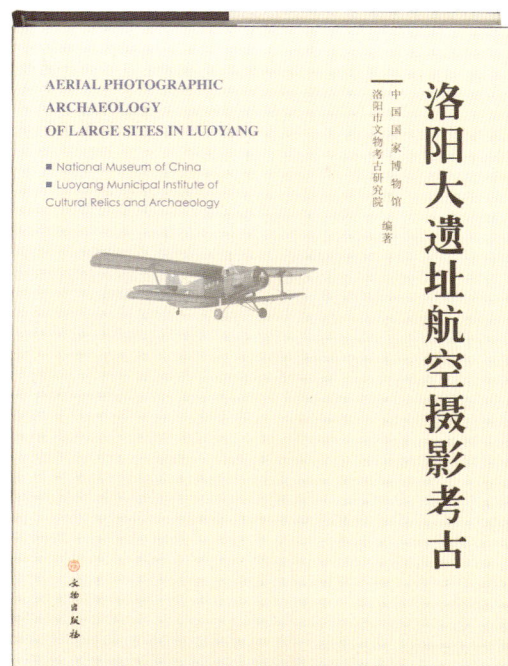

3. 中国国家博物馆，洛阳市文物考古研究院编著：《洛阳大遗址航空摄影考古》，文物出版社，2017 年。

2. 累累硕果

除科学获取和刊布基础考古资料之外，国博考古工作者还对考古及与之相关的领域进行深入研究，迄今已出版数十部专著，发表数百篇学术论文，在相关领域具有重要影响。

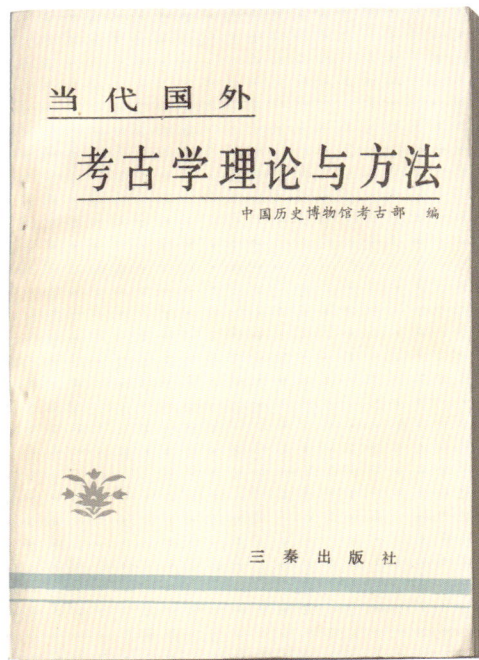

1. 中国历史博物馆考古部编：《当代国外考古学理论与方法》，三秦出版社，1991 年。

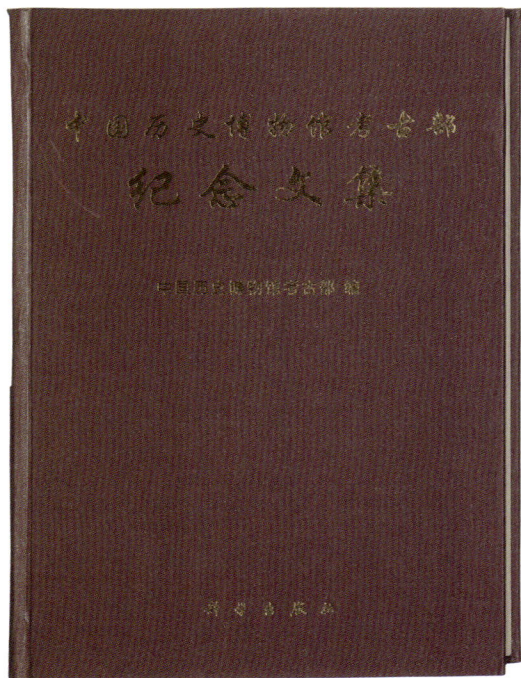

2. 中国历史博物馆考古部编：《中国历史博物馆考古部纪念文集》，科学出版社，2000 年。

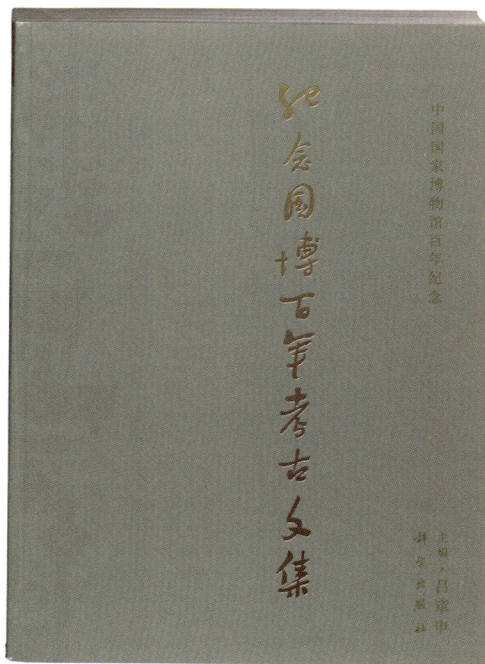

3. 吕章申主编：《纪念国博百年考古文集》，科学出版社，2012 年。

历年来国博考古部门专业人员有重要影响的学术著作

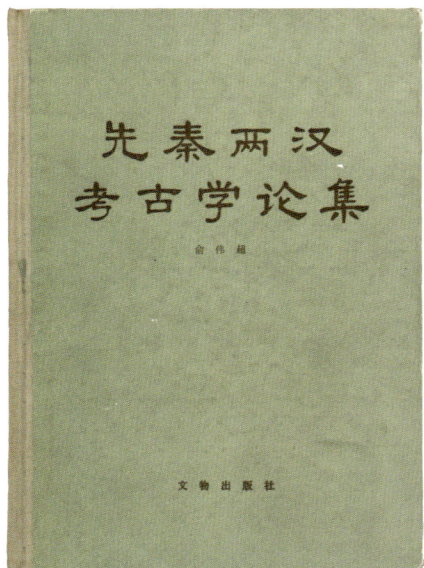

1. 俞伟超：《先秦两汉考古学论集》，文物出版社，1985 年。

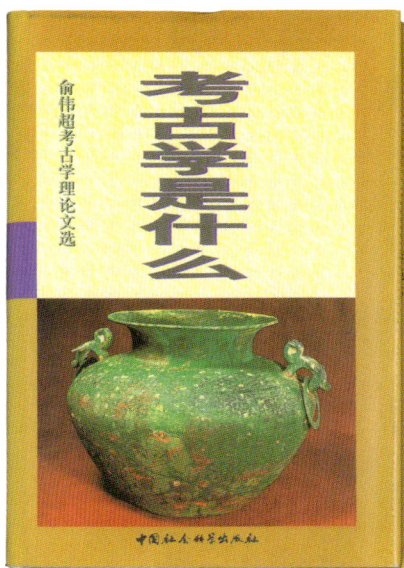

2. 俞伟超：《考古学是什么：俞伟超考古学理论文选》，中国社会科学出版社，1996 年。

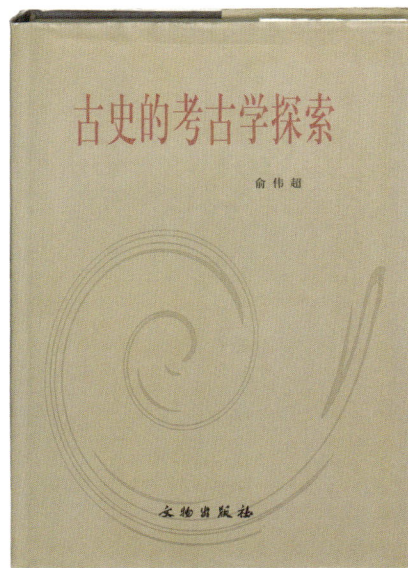

3. 俞伟超：《古史的考古学探索》，文物出版社，2002 年。

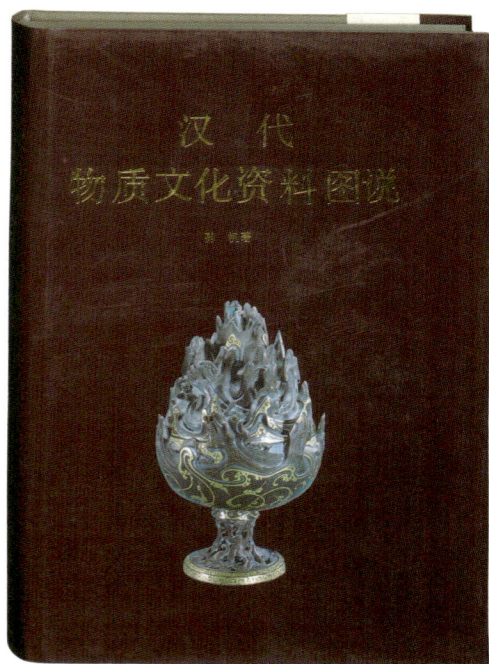

4. 孙机：《汉代物质文化资料图说》，文物出版社，1991 年。

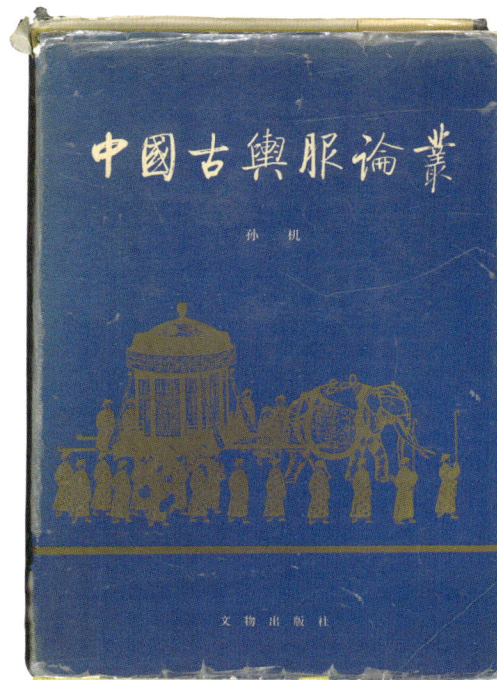

5. 孙机：《中国古舆服论丛》，文物出版社，1993 年。

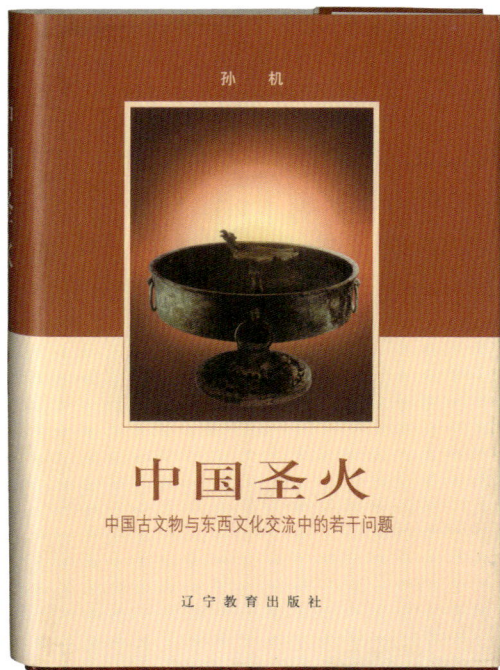

6. 孙机：《中国圣火：中国古文物与东西文化交流中的
　　若干问题》，辽宁教育出版社，1996年。

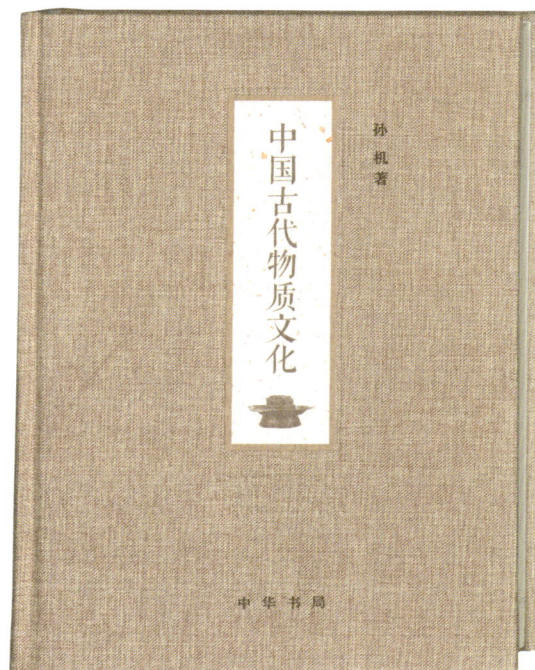

7. 孙机：《中国古代物质文化》，中华书局，2014年。

8. 孙机、杨泓：《文物丛谈》，文物出版社，1991年。

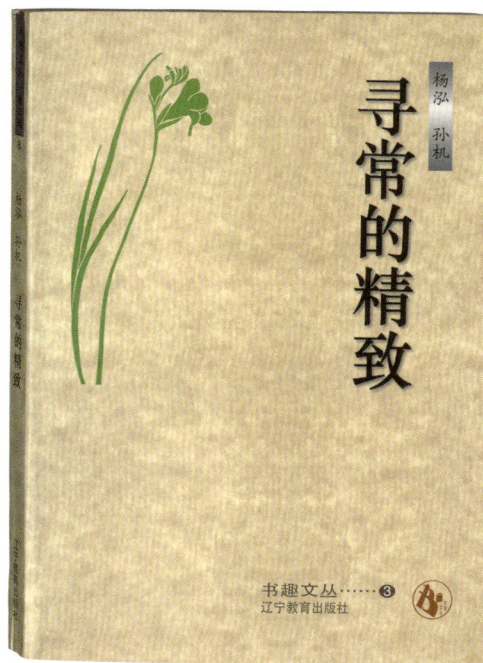

9. 杨泓、孙机：《寻常的精致》，辽宁教育出版社，
　　1996年。

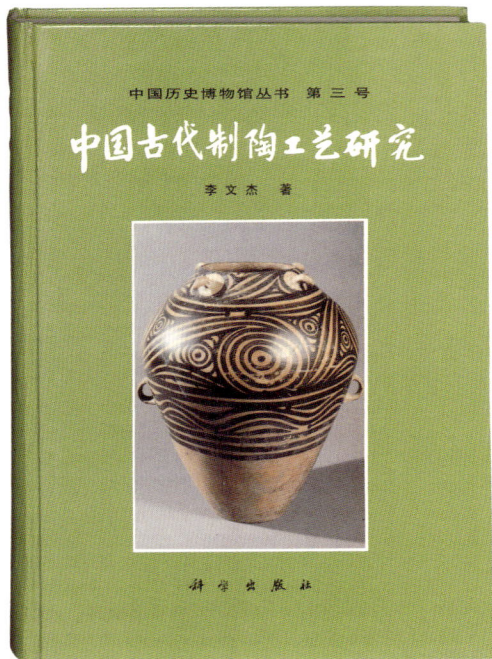

10. 李文杰：《中国古代制陶工艺研究》，科学出版社，1996年。

11. 李文杰：《中国古代制陶工程技术史》，山西教育出版社，2017年。

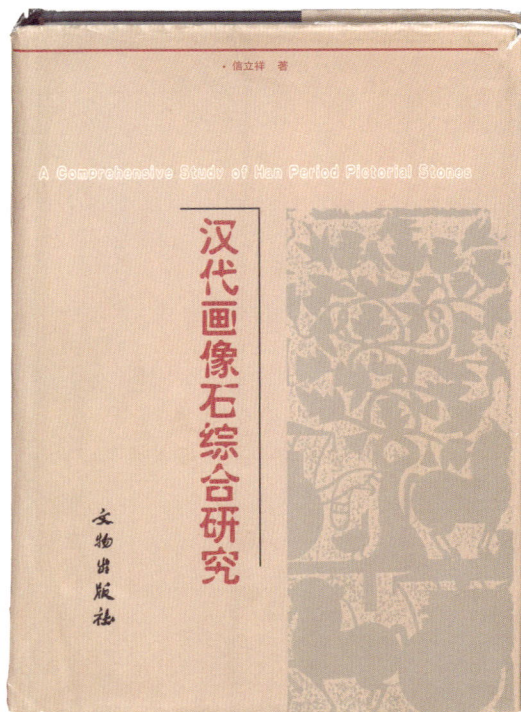

12. 信立祥：《汉代画像石综合研究》，文物出版社，2000年。

13. 董琦：《虞夏时期的中原》，科学出版社，2000年。

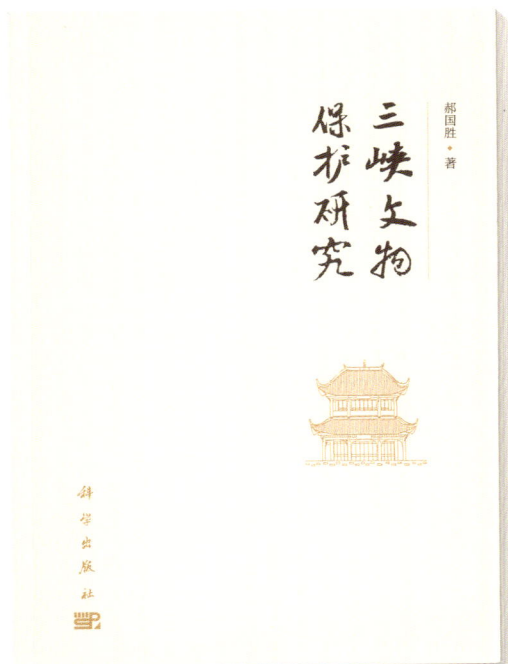

14. 郝国胜：《三峡文物保护研究》，科学出版社，2018年。

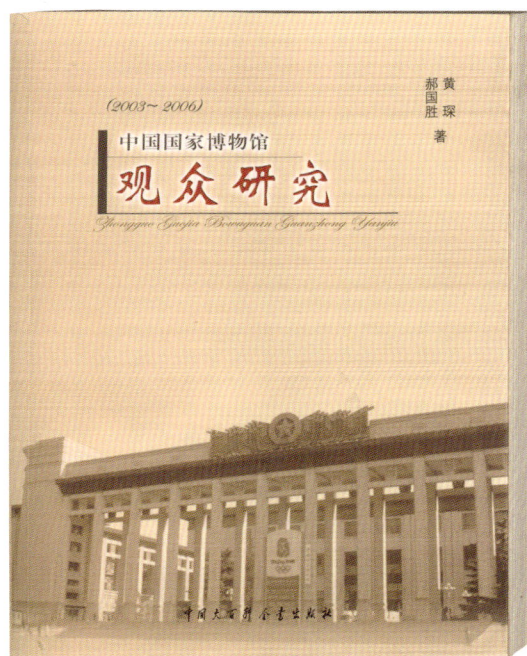

15. 郝国胜、黄琛：《中国国家博物馆观众研究》，中国大百科全书出版社，2009年。

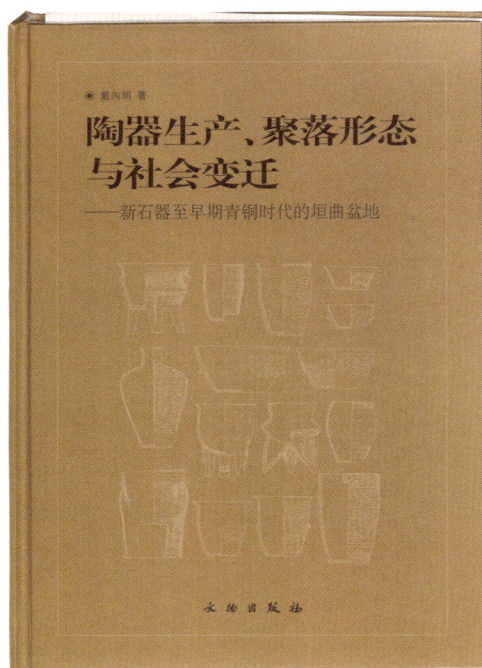

16. 戴向明：《陶器生产、聚落形态与社会变迁：新石器至早期青铜时代的垣曲盆地》，文物出版社，2010年。

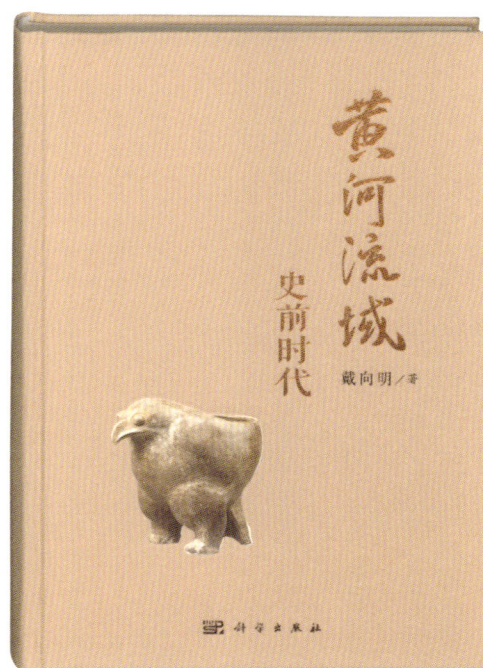

17. 戴向明：《黄河流域史前时代》，科学出版社，2021年。

18. 严志斌、洪梅编著:《殷墟青铜器:青铜时代的中国文明》,上海大学出版社,2008年。

19. 严志斌等编著:《巴蜀符号集成》,科学出版社,2019年。

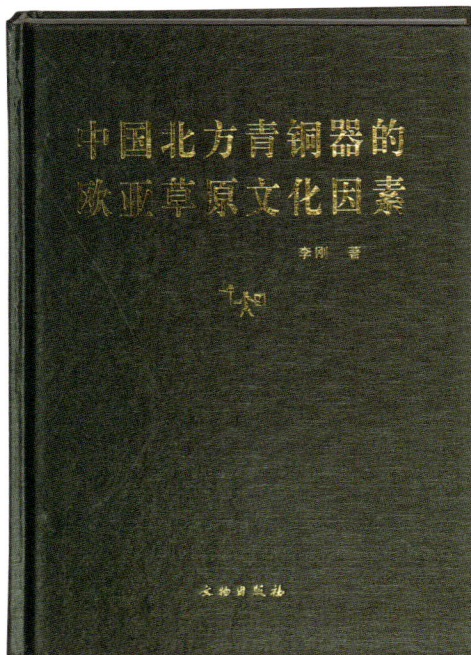

20. 李刚:《中国北方青铜器的欧亚草原文化因素》,文物出版社,2011年。

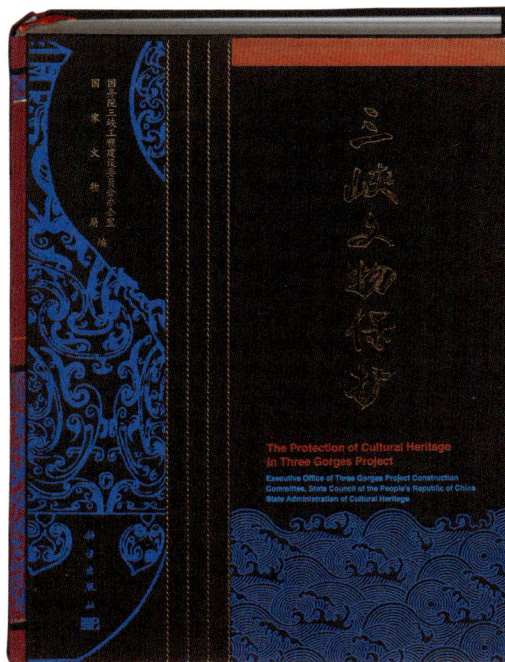

21. 国务院三峡工程建设委员会办公室,国家文物局编:《三峡文物保护》,科学出版社,2018。

22. 王宏钧著，王春法主编：《国博名家丛书·王宏钧卷》，北京时代华文书局，
2022 年。

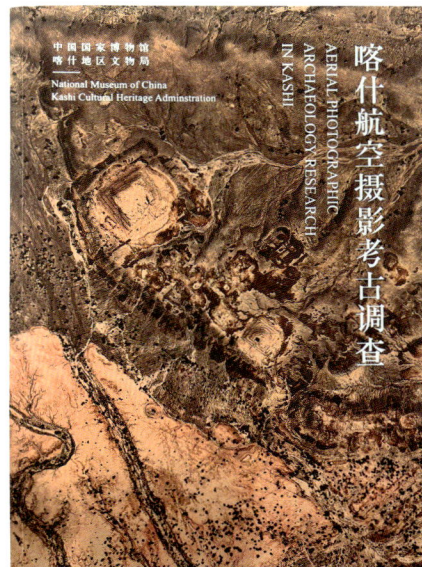

23. 中国国家博物馆、喀什地区文物局
编：《喀什航空摄影考古调查 2016—
2018》，2018 年。

24. 俞伟超著，王春法主编：《国博名家丛书·俞伟超卷》，北京时代华文书局，
2022 年。

后
记

　　2022年正值中国国家博物馆创建110周年，"积厚流广——国家博物馆考古成果展"作为馆庆系列活动之一，在馆领导的关心和指导下，在策展团队的通力合作下，终于呈现给大家。本次展览将百余年来国博几代考古人筚路蓝缕、积极投身中国考古学实践的过程，在不同时期取得的工作成果，以及国博考古人严谨求实、开拓进取、敬业奉献的优良作风都展现给了观众。

　　在展览的筹备和组织实施过程中，考古院的同事兢兢业业，不仅承担了展览大纲的编写工作，还负责完成了展品的遴选和文物商借、点交、协助布展等各项工作。策展工作部与考古院通力合作，将顺展览各项流程，最终把展览大纲立体化呈现出来，展现出专业的展览设计水平和敬业精神；保管部的同事为展览文物查询和提库工作提供积极保障，数据管理与分析中心的同事协助我们搜集展览相关历史影像资料并出色完成文物摄影工作；新闻传播处的同事为展览的宣传推广、视频剪辑和专家采访等工作倾注时间和精力；文保院的同事对参展馆藏文物进行了文物评估和保护，馆内其他部门也各尽职责，为展览顺利举办提供了大力支持。

　　当然，展览的成功举办离不开各参展单位的支持。本次展览展出的文物大部分商借自我馆在各地的合作单位，感谢陕西省考古研究院、甘肃省文物考古研究所、新疆维吾尔自治区文化和旅游厅、库车市文化体育广播电视和旅游局、陕西省陈仓区博物馆、甘肃省清水县博物馆、甘肃省礼县博物馆、河北省康保县文化和广电旅游局、江苏省泗洪县博物馆和大连市金普新区管理委员会慷慨提供了展览所需的各类精美的文物。

国博考古走过百余年历程，从起步到发展壮大的每个阶段，都得到了来自上级主管部门和业务主管部门的关心和指导，国家文物局文物保护与考古司（现已成立考古司），尤其是考古处在考古项目立项、经费审批方面给予了我们莫大的支持。近年来，国家文物局还将我馆主持发掘的部分遗址纳入"考古中国"重大项目，为国博考古事业持续稳定发展提供了保障。

国博考古一直坚持开放合作，在项目实施过程中，与各省市合作单位都建立了长期而密切的合作关系。我们在晋南深耕几十年，离不开山西省考古研究院的帮助和支持。在陕、甘、苏、冀、新、鲁等地也持续开展多年工作，与陕西省考古研究院、甘肃省文物考古研究所、南京博物院、河北省文物考古研究院和新疆维吾尔自治区文化和旅游厅等单位在精诚合作之余也都结下了深厚的友谊，有太多的朋友陪伴和见证了国博考古的成长，值此国博创建110周年之际，也是国博考古的第101年，我们在此谨向支持和帮助过国博考古的单位和个人致以诚挚的感谢，并愿和大家携手并进，为建设中国特色、中国风格、中国气派的考古学作出新的贡献。

2022年7月26日

参 考 文 献

一、学术史

《国立中央研究院历史语言研究所二十一年度报告·国立中央研究院历史博物馆筹备处二十一年度报告（工作概况）》，《傅斯年全集》，湖南教育出版社，2003年。

考古部部委会：《考古部二十年工作回顾》，中国历史博物馆考古部编：《中国历史博物馆考古部纪念文集》，科学出版社，2000年。

中国国家博物馆、北京大学考古文博学院编：《俞伟超先生纪念文集》，文物出版社，2009年。

张威：《国家博物馆的考古学传统（代序）》，吕章申主编：《纪念国博百年考古文集》，科学出版社，2012年。

张素琳：《考古部的记忆》，吕章申主编：《纪念国博百年考古文集》，科学出版社，2012年。

戴向明：《国家博物馆晋南考古三十年回顾》，吕章申主编：《纪念国博百年考古文集》，科学出版社，2012年。

杜耀西：《我国第一个水下考古学研究机构的诞生》，吕章申主编：《纪念国博百年考古文集》，科学出版社，2012年。

赵嘉斌：《中国水下考古的发展与重要发现》，吕章申主编：《纪念国博百年考古文集》，科学出版社，2012年。

姚乐音、杨林：《中国航空摄影考古回顾与展望》，吕章申主编：《纪念国博百年考古文集》，科学出版社，2012年。

刘绪：《三十年的坚持与固守——〈垣曲商城（二）〉读后》，《中国文物报》2016年4月19日第6版。

孙庆伟：《淹没的班村与淡忘的俞伟超》，《江汉考古》2020年第2期。

田伟、庄丽娜、游富祥、戴向明：《中国国家博物馆百年考古回顾》，《中国国家博物馆馆刊》2022年第8期。

二、考古资料

（一）考古简报与资料综述

《钜鹿宋代故城发掘记略》，《国立历史博物馆丛刊》

1926年第一期。

李作智等：《浙江龙泉青瓷上严儿村发掘窑址报告》，《中国历史博物馆馆刊》总第8期，1986年。

平朔考古队：《山西朔县秦汉墓发掘简报》，《文物》1987年第6期。

中国历史博物馆考古部等：《河南济源苗店遗址发掘简报》，《考古与文物》1990年第6期。

陈斌：《万荣等四县考古调查和发掘》，《中国历史博物馆馆刊》1997年第1期。

早期秦文化考古联合课题组：《2004年早期秦文化考古项目开展以来的主要工作及收获》，甘肃省文物考古研究所等编：《早期丝绸之路暨早期秦文化国际学术研讨会论文集》，文物出版社，2014年。

中国国家博物馆等：《涑水上游周代遗址调查简报》，《中国国家博物馆馆刊》2014年第11期。

中国国家博物馆田野考古研究中心等：《山西绛县周家庄遗址2007—2012年勘查与发掘简报》，《考古》2015年第5期。

李刚：《闻喜千金耙遗址的发现与商代早期青铜器原料产地研究》，北京大学出土文献研究所编：《青铜器与金文（第一辑）》，上海古籍出版社，2017年。

中国国家博物馆、南京博物院、泗洪县博物馆：《江苏泗洪韩井遗址2014年发掘简报》，《东南文化》2018年第1期。

牛健哲：《2019—2020年新疆维吾尔自治区库车市乌什吐尔遗址的新发现》，《文物天地》2020年第11期。

陕西省考古研究院、中国国家博物馆、宝鸡市考古研究所、凤翔县博物馆、宝鸡先秦陵园博物馆：《陕西凤翔雍山血池秦汉祭祀遗址考古调查与发掘简报》，《考古与文物》2020年6期。

中国国家博物馆考古院、山西省考古研究院、运城市文物保护研究所：《山西绛县西吴壁遗址2018—2019

年发掘简报》，《考古》2020年第7期。

郑建华：《新中国龙泉窑的考古发现与研究》，《南方文物》2021年第2期。

张晓磊等：《新疆库尔勒玉孜干遗址》，《大众考古》2021年第12期。

中国国家博物馆、蒙古国国家博物馆：《蒙古国车勒县石特尔墓地2018年考古发掘主要收获》，《中国国家博物馆馆刊》2022年第5期。

（二）考古报告

中国社会科学院考古研究所、中国历史博物馆、山西省考古研究所编著：《夏县东下冯》，文物出版社，1988年。

河南省文物研究所、中国历史博物馆考古部编著：《登封王城岗与阳城》，文物出版社，1992年。

中国历史博物馆考古部、山西省考古研究所、垣曲县博物馆编著：《垣曲古城东关》，科学出版社，2001年。

宁夏文物考古研究所、中国历史博物馆考古部编著：《宁夏菜园：新石器时代遗址、墓葬发掘报告》，科学出版社，2003年。

中国国家博物馆田野考古研究中心、南京博物院考古研究所、连云港市文物管理委员会办公室等编著：《连云港孔望山》，文物出版社，2010年。

中国国家博物馆田野考古研究中心、山西省考古研究所、运城市文物保护研究所编著：《运城盆地东部聚落考古调查与研究》，文物出版社，2011年。

山西省考古研究所、中国国家博物馆田野考古研究中心、忻州市文物管理处编著：《滹沱河上游先秦遗存调查报告（一）》，科学出版社，2012年。

中国国家博物馆田野考古研究中心、山西省考古研究所、垣曲县博物馆编著：《垣曲商城（二）1988—2003年度考古发掘报告》，科学出版社，2014年。

中国国家博物馆、山西省考古研究所、长治市文物旅游局编著：《浊漳河上游早期文化考古调查报告》，科学出版社，2015年。

中国国家博物馆田野考古研究中心、山东大学考古学系编著：《山东薛河流域系统考古调查报告》，科学出版社，2016年。

王春法主编，中国国家博物馆、安徽省文物考古研究所编著：《姑溪河—石臼湖流域先秦时期聚落考古调查与研究》，科学出版社，2019年。

三、其他文献

张光直：《取长补短，百家争鸣——从俞伟超、张忠培二先生论文谈考古学理论》，《中国文物报》1994年5月8日第3版。

汤卓炜：《环境考古学》，科学出版社，2004年。

郝国胜：《三峡文物保护研究》，科学出版社，2018年。

游富祥、陈爱东：《秦汉雍五畤的发现与研究》，李零主编：《历史记忆与考古发现》，商务印书馆，2022年。

图书在版编目（CIP）数据

积厚流广：国家博物馆考古成果展 / 王春法主编. — 北京：北京时代华文书局，2022.8

ISBN 978—7—5699—4693—2

Ⅰ. ①积… Ⅱ. ①王… Ⅲ. ①考古发现—中国 Ⅳ. ①K87

中国版本图书馆CIP数据核字(2022)第134542号

项目统筹

余　玲

责任编辑

丁克霞

余荣才

执行编辑

耿媛媛

田思圆

责任校对

初海龙

装帧设计

郭　青

中国国家博物馆全国考古发现系列丛书

积 厚 流 广

国 家 博 物 馆 考 古 成 果 展

JIHOU LIUGUANG

GUOJIA BOWUGUAN KAOGU CHENGGUOZHAN

主　编：王春法

出版人：陈　涛

出版发行：北京时代华文书局 (http://www.bjsdsj.com.cn)

地址：北京市东城区安定门外大街138号皇城国际A座8层

邮编：100011

发行部：010-64263661　010-64261528

印制：北京雅昌艺术印刷有限公司 010-80451188

开本：635 mm×965 mm 1/16　印张：25.5　字数：390千字

版次：2023年7月第1版　印次：2023年7月第1次印刷

书号：ISBN 978-7-5699-4693-2

定价：580.00元